LECCIONES DE FÚTBOL
LA GUÍA DEL ARBITRAJE

A pesar de haber puesto el máximo cuidado en la redacción de esta obra, el autor o el editor no pueden en modo alguno responsabilizarse por las informaciones (fórmulas, recetas, técnicas, etc.) vertidas en el texto. Se aconseja, en el caso de problemas específicos —a menudo únicos— de cada lector en particular, que se consulte con una persona cualificada para obtener las informaciones más completas, más exactas y lo más actualizadas posible.
EDITORIAL DE VECCHI, S. A. U.

© Editorial De Vecchi, S. A. 2018
© [2018] Confidential Concepts International Ltd., Ireland
Subsidiary company of Confidential Concepts Inc, USA
ISBN: 978-1-64461-022-0

El Código Penal vigente dispone: «Será castigado con la pena de prisión de seis meses a dos años o de multa de seis a veinticuatro meses quien, con ánimo de lucro y en perjuicio de tercero, reproduzca, plagie, distribuya o comunique públicamente, en todo o en parte, una obra literaria, artística o científica, o su transformación, interpretación o ejecución artística fijada en cualquier tipo de soporte o comunicada a través de cualquier medio, sin la autorización de los titulares de los correspondientes derechos de propiedad intelectual o de sus cesionarios. La misma pena se impondrá a quien intencionadamente importe, exporte o almacene ejemplares de dichas obras o producciones o ejecuciones sin la referida autorización». (Artículo 270)

Bernard Lebourg

*Prólogo de Joël Quiniou,
árbitro internacional retirado*

LECCIONES DE FÚTBOL
LA GUÍA DEL ARBITRAJE

*Al árbitro desconocido que, un domingo de 1960 (quizás antes, o quizá después),
en el estadio del Panorama en Fontenay-aux-Roses, me dio la primera lección
de arbitraje después de haberle cuestionado estúpidamente una de sus decisiones.
Él es seguramente, sin saberlo, el origen de este libro y quien
me inculcó el respeto que siento por todos los árbitros. Que estos sean,
como él, hombres justos que den ejemplo.*

BERNARD LEBOURG

ÍNDICE

Prólogo	11
Introducción	13

LAS REGLAS DE JUEGO

Regla 1: el terreno de juego	18
Las dimensiones	18
La demarcación del terreno de juego	18
Las distintas áreas	20
Regla 2: el balón	23
Descripción del balón	23
Utilización del balón	23
Regla 3: el número de jugadores	26
Los jugadores	26
El procedimiento de la sustitución	26
Las contravenciones y las sanciones	27
Recomendaciones a los árbitros	28
Regla 4: el equipamiento de los jugadores	30
El equipamiento básico	30
Las contravenciones y las sanciones	31
Regla 5: el árbitro	32
Los derechos y los deberes del árbitro	32
Las decisiones del árbitro	33
El papel del árbitro	34
El árbitro y la noción de ventaja	39
Un arbitraje firme pero justo	40
La amonestación	40
La llamada al orden	42

LECCIONES DE FÚTBOL: LA GUÍA DEL ARBITRAJE

REGLA 6: LOS ÁRBITROS ASISTENTES 44
    Cuadro sinóptico del comportamiento del árbitro y del árbitro
    asistente (instrucciones oficiales) 45
    Para una mejor colaboración entre el árbitro y el asistente 51

REGLA 7: LA DURACIÓN DEL PARTIDO 54
    Periodos de juego 54
    Medio tiempo 54
    Recuperación del tiempo perdido 54
    El penalti 54
    Prórrogas 54
    Suspensión del partido 56

REGLA 8: EL INICIO Y LA REANUDACIÓN DEL JUEGO 57
    Preliminares 57
    El saque de salida 57
    La reanudación del juego por «balón a tierra» 58

REGLA 9: BALÓN EN JUEGO Y FUERA DE JUEGO 59
    Balón fuera de juego 59
    Balón en juego 59

REGLA 10: GOL MARCADO 61
    El principio 61
    El equipo ganador 61

REGLA 11: EL FUERA DE JUEGO 63
    Las posiciones de fuera de juego 63
    ¿Cuándo debe levantarse el banderín? Distintos casos ilustrados
        de un fuera de juego 64

REGLA 12: LAS FALTAS Y LAS CONDUCTAS ANTIDEPORTIVAS 84
    El tiro libre y el penalti 84
    Las sanciones disciplinarias 86

REGLA 13: LOS TIROS LIBRES 89
    La ejecución del tiro libre 89
    Infracciones y sanciones 90
    Los tiros libres indirectos pitados contra el equipo defensor
        en el área de penalti 91
    ¿Qué debe hacer el árbitro durante la ejecución de un tiro libre? . . 93

REGLA 14: EL PENALTI 94
    Los penaltis en el transcurso del juego 94
    Posiciones del balón y de los jugadores durante
        la ejecución del penalti 95

ÍNDICE

    Infracciones y sanciones. 95
    Los lanzamientos a meta desde el punto de penalti 97
    El procedimiento 97

REGLA 15: EL SAQUE DE BANDA. 101
    La ejecución del saque de banda 101
    Infracciones y sanciones. 101

REGLA 16: EL SAQUE DE META. 104
    La ejecución del saque de meta 104
    Infracciones y sanciones. 104

REGLA 17: EL SAQUE DE ESQUINA (CÓRNER) 106
    El lanzamiento de saque de esquina 106
    Infracciones y sanciones. 106

COMPRUEBE SUS CONOCIMIENTOS. 108

PREPARARSE PARA EL ARBITRAJE

LA PREPARACIÓN DEPORTIVA 110
    La puesta en forma 110
    El *stretching*. 111
    Ejercicios de gimnasia específicos para un árbitro de fútbol 115

LA PREPARACIÓN PSICOLÓGICA 117
    El estrés y la ansiedad 117
    Aprender a dominar el estrés 118
    Curar los trastornos con oligoelementos 119

LA ALIMENTACIÓN 121
    Ejemplos de menús antes del partido 122

LA IMPORTANCIA DEL JUEGO LIMPIO. 125
    Tres palabras clave para conseguir un juego limpio. 125
    A modo de conclusión. 126

¿SERÍA USTED UN BUEN ÁRBITRO? 18 PREGUNTAS PARA COMPROBAR
    SUS CONOCIMIENTOS 128

RESPUESTAS A LAS PREGUNTAS DEL TEST DE LA PÁGINA 108. 129

ANEXOS

EL CÓDIGO DISCIPLINARIO 132

REGLAS DE JUEGO OFICIALES DE LA INTERNATIONAL
FOOTBALL ASSOCIATION BOARD (FIFA/IFAB) 137

ÁRBITROS Y ARBITRAJE. 148

PRÓLOGO

¿Debía pitar la falta? ¿Estaba en fuera de juego? ¿Al delantero centro lo derribaron en el área de penalti o justo antes? Estas preguntas, que son las que se hacen los espectadores en cada partido, se convierten a menudo en el origen de discusiones que pueden llegar a ocasionar más de una vez trágicos incidentes. Sin duda, la actuación del árbitro no deja nunca indiferente al público, y puede decirse que es a la vez el hombre providencial que ha permitido que un equipo se convierta en el vencedor del encuentro y el chivo expiatorio de cuantos errores hayan podido cometer los jugadores que han perdido.

El fútbol es ante todo un juego de seres humanos, con todo lo que ello comporta sobre la belleza del gesto, el sentido del esfuerzo, la buena fe, el error de apreciación, y también las pequeñas trampas.

Para dirigir el juego de tantas personas, nada mejor que otras que estén perfectamente preparadas para ello (y no importa si hay tres, cuatro o cinco árbitros). Este hecho, además, da toda su dimensión humana al fútbol, un deporte que conjuga el placer, la felicidad, la decepción y la tristeza.

Con este libro, Bernard Lebourg demuestra que el fútbol puede entenderse con un talante humanista, intentando aprender cuanto sea posible de su sistema de juego, pues se trata ante todo de hacerlo comprensible y de despertar vocaciones.

El fútbol debe ser una escuela de tolerancia. Forma parte de nuestra vida, ya sea en partidos profesionales, en partidos de aficionados, y sobre todo infantiles, donde a los niños les encanta desvivirse y aprender qué es la victoria o la derrota, el respeto al prójimo, el dominio de sí mismo y la lealtad. Todos esos valores no son insignificantes. No olvidemos que los niños arbitrados en sus horas libres o el fin de semana serán mañana adultos, y tal vez gracias a nosotros hayan aprendido a ser un poco más tolerantes y responsables.

El árbitro, además de reunir los valores antes mencionados, es ante todo una persona honrada. La lealtad, la honradez, la integridad, el sentido de la justicia están anclados en cada árbitro. Las sospechas y rumores, que por desgracia a veces han tenido fundamento, mancillan y desvirtúan tan honrosa profesión. Espero que esta guía

LECCIONES DE FÚTBOL: LA GUÍA DEL ARBITRAJE

cree el deseo de convertirse en árbitro y situar en su justo lugar los debates públicos sobre el arbitraje. No hay que olvidar nunca que el fútbol sólo es un juego.

Mi mensaje es el de los diez mandamientos del árbitro, donde las palabras clave son: conocimiento de las reglas del juego, desarrollo y mantenimiento de una excelente forma física, talante sereno, discreción, sobriedad, firmeza, lucidez, respeto, humildad y, sobre todo, modestia.

El autor nos lo expone de una manera clara y precisa en la presentación que hace del arbitraje, de su aprendizaje y su práctica.

Nada es definitivo; nada se obtiene para siempre; es preciso siempre ponerse en duda; pero nunca puede pasarse por alto que el arbitraje es una bella manera de aprender a vivir.

JOËL QUINIOU
Árbitro internacional retirado

INTRODUCCIÓN

¿Para qué escribir un libro sobre arbitraje? Es una pregunta que ni siquiera nos planteamos durante el encuentro entre Joël Quiniou y yo. Cuando tuvo la gran amabilidad de escribir el prólogo de mi libro sobre el campeonato mundial, nos dimos cuenta enseguida de que nuestras visiones sobre el juego coincidían. Él es un «maestro del silbato», entregado ahora a la formación de jóvenes árbitros, y yo un periodista que, muy a menudo, pide explicaciones a los árbitros en los vestuarios después del partido sobre tal o cual decisión.

Si considero que un periodista no debe criticar jamás al árbitro (o al menos en muy raras ocasiones), es porque su deber de informador se limita a dar cuenta de sus decisiones, sean incomprendidas o no. La experiencia demuestra que los directores de juego aceptan de buen grado la discusión, incluso si a veces el tema es molesto.

Como ya vimos durante el último campeonato mundial, no pueden producirse encuentros deportivos, de la manera que sean, sin la presencia de un árbitro, cuya labor no consiste en reprender sistemáticamente, sino asegurarse de que las reglas serán respetadas. También es importante que los jugadores y espectadores confíen en el árbitro, ya que él es el guardián del juego.

Sin embargo, los árbitros son sólo seres humanos, por ello puede suceder que algunos se equivoquen (no olvidemos la máxima latina *errare humanum est*). ¿Es esta la razón por la que se esgrimen argumentos de escándalo o robo? Ciertamente, no.

Ante todo, quiero dedicar este libro primero al conjunto del cuerpo arbitral de fútbol, desde el árbitro que dirige encuentros de tercera regional al que participa en campeonatos internacionales que, cada domingo, incansablemente, intentan realizar un buen trabajo; en segundo lugar, a los jóvenes que sueñan con convertirse en árbitros algún día, a quienes desearía decirles: «adelante, el fútbol os necesita»; por fin, a los educadores y entrenadores que, con devoción, enseñan a los niños a convertirse en futbolistas adultos responsables. En cuanto a los que protestan sin cesar, sean del color que sean, que se comportan de forma grosera con los árbitros, prefiero dejarlos de lado.

BERNARD LEBOURG
Julio de 1998

LAS REGLAS DE JUEGO

LECCIONES DE FÚTBOL: LA GUÍA DEL ARBITRAJE

Los capítulos siguientes presentan un resumen de las reglas de juego, con numerosos comentarios para que los árbitros en ejercicio, los que lo serán en el futuro, los jugadores de todos los niveles, y todos los espectadores entiendan mejor la complejidad del arbitraje.

Se puede encontrar en el anexo todas las reglas del juego de 1998, tal como fueron adoptadas por la FIFA y deben ser aplicadas.

El objetivo de este capítulo es, pues, aclarar algunos puntos que permanecen a veces oscuros, proponer temas de reflexión, comentarios, o incluso ejemplos prácticos.

Este comentario no debe en ningún caso dispensar del conocimiento y por lo tanto el aprendizaje de las reglas del juego en su versión oficial donde cada palabra ha sido sopesada. Forman el corpus reglamentario en el que se apoyan los árbitros.

Un mejor conocimiento de estas reglas evitaría muchas de las protestas y sobre todo las ridículas escenas en las que jugadores, y a veces entrenadores, la toman con el árbitro.

Los textos que siguen retoman en cursiva pasajes de las reglas del juego de 1998. Nuestros comentarios se encuentran en redonda y deben permitir al jugador, al igual que al alumno árbitro, entender mejor los detalles, sutilezas del juego y complejidad reglamentaria.

HISTORIA DEL ARBITRAJE
LAS GRANDES FECHAS DE LAS REGLAS DE JUEGO

1580: Giovanni Bardi publica una serie de reglas del juego del *calcio*.

1848: se dictan las primeras reglas, llamadas *Cambridge Rules*.

1871: el guardameta es mencionado por primera vez. Tiene derecho a utilizar las manos.

1873: introducción del saque de esquina.

1886: el 2 de junio, se celebra la primera sesión oficial de la International Football Association Board.

1890: aparecen los árbitros neutrales.

1891: introducción del penalti por una falta que ha sido cometida intencionadamente a menos de 11 m de las porterías.

1902: la línea del área de penalti pasa de 11 a 16,45 m.

1904: creación de la Federación Internacional de Football Association (FIFA).

1907: desaparece el fuera de juego de un jugador en su propio campo.

1912: el guardameta sólo puede tocar la pelota con las manos en su propia área.

1913: la FIFA se convierte en miembro de la International Football Association Board.

1925: cambio en la regla del fuera de juego; hacen falta dos jugadores en lugar de tres entre el atacante y la portería contraria para que no esté en fuera de juego.

1927: un saque de esquina puede lanzarse directamente a meta.

1929: en un penalti, el guardameta debe permanecer sobre su línea.

1937: el peso del balón pasa de 396 a 453 g.

1938: revisión de las reglas del juego. Se presenta una nueva versión de las diecisiete reglas por Stanley Rous, que será elegido durante ocho años presidente de la Federación inglesa de fútbol, y luego presidente de la FIFA desde 1961 a 1974.

1976: introducción de las tarjetas amarillas y rojas.

1997: nueva adaptación y nueva redacción de las reglas del juego.

REGLA 1: EL TERRENO DE JUEGO

Las dimensiones

Se juega al fútbol en un campo *rectangular*, lo que significa que *la longitud de las líneas de banda* deberá ser obligatoriamente *superior a la longitud de las líneas de meta*. Como en prácticamente todos los deportes que se juegan con un balón, se han definido dimensiones máximas y dimensiones mínimas del terreno de juego, para que todos los pueblos y ciudades puedan tener un campo de fútbol. La tendencia actual privilegia la uniformización de los terrenos con unas dimensiones únicas (105 x 68 m), utilizadas en el conjunto de estadios que han acogido el campeonato mundial de 1998, celebrado en Francia. No obstante, la regla 1 precisa siempre que la dimensiones máximas serán de 120 x 90 m (10.800 m^2), y las dimensiones mínimas de 90 x 45 m (4.050 m^2).

En consecuencia, puede haber campos cuya superficie sea casi el doble del mínimo admitido, lo que es inadmisible en competiciones de primera división.

La FIFA ha prescrito para los encuentros internacionales las siguientes medidas:

— máximo: 120 x 90 m (10.800 m^2);
— mínimo: 100 x 64 m (6.400 m^2);
— dimensiones medias recomendadas: 105 x 68 m (7.140 m^2).

Es preciso hacer una observación antes de proseguir el comentario de las reglas. El fútbol es un deporte universal que se practica en todas partes, sea en un patio de colegio, en una playa o en un jardín. Poco importa el terreno de juego. Bastan un balón y cuatro objetos para marcar las porterías y empezar el partido. Tan sólo hay que respetar el espíritu y las reglas, comportándose con disciplina.

La demarcación del terreno de juego

El terreno de juego se marcará con líneas que pertenecerán a las zonas que demarcan. Por ello, se considera que el balón ha salido del campo o del área cuando haya superado la parte exterior de la línea.

Las dos líneas de demarcación más largas son las líneas de banda. Las dos más cortas son las líneas de meta. Todas las líneas tendrán una anchura máxima de 12 cm.

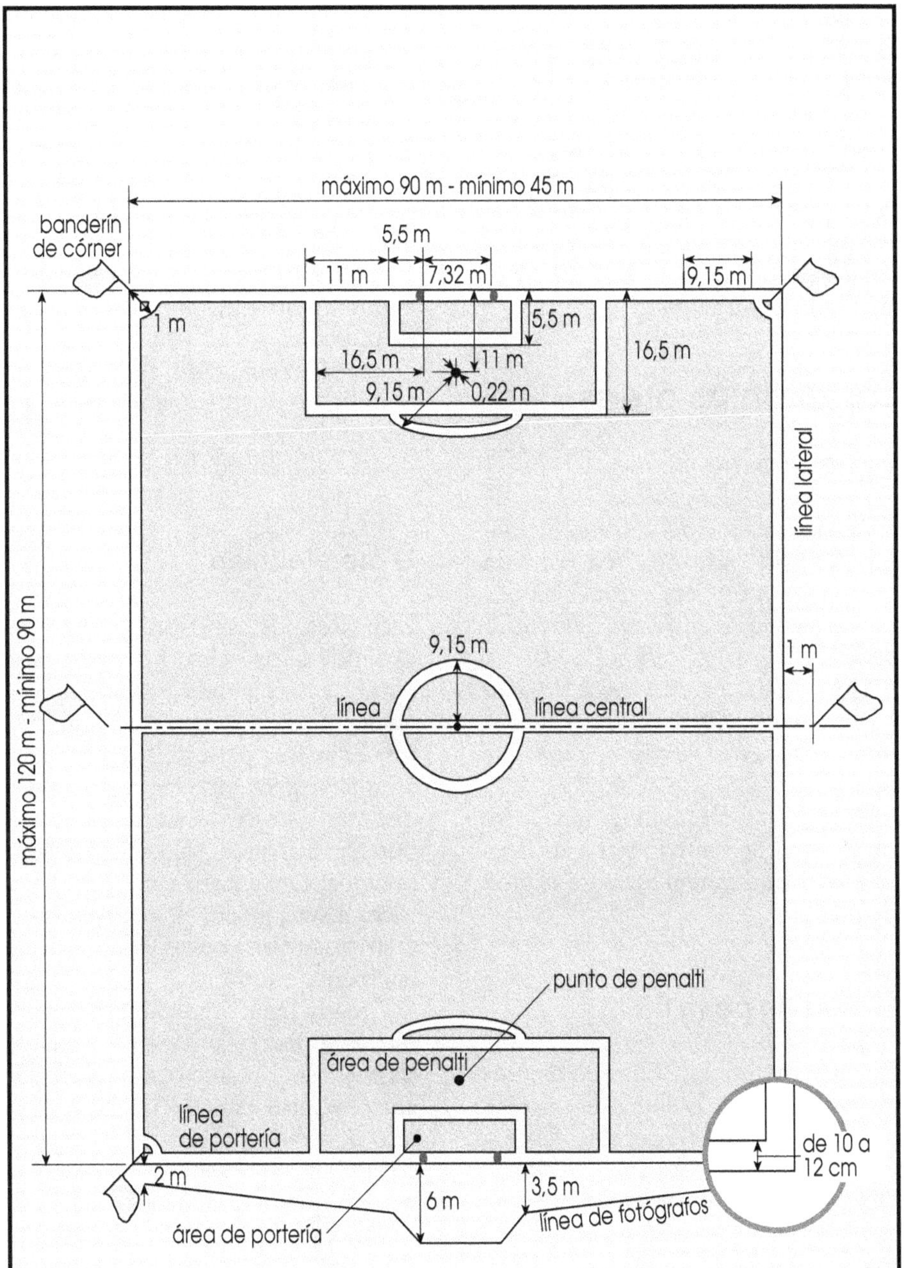

REGLA 1: EL TERRENO DE JUEGO

LECCIONES DE FÚTBOL: LA GUÍA DEL ARBITRAJE

Están marcadas en blanco (pintura o polvo blanco), o eventualmente en rojo en caso de nieve.

El terreno de juego estará dividido en dos mitades por una línea media.

El centro del campo estará marcado con un punto en la mitad de la línea media, alrededor del cual se trazará un círculo con un radio de 9,15 m, denominado *círculo central*.

Las distintas áreas

El área de meta

En cada extremo del terreno de juego está dibujada un área llamada *área pequeña* que responde a la definición siguiente: *se trazarán dos líneas perpendiculares a la línea de meta, a 5,5 m desde la parte interior de cada poste de meta. Dichas líneas se adentrarán 5,5 m en el terreno de juego y se unirán con una línea paralela a la línea de meta*. El rectángulo que se obtiene así delimitado por esas líneas y la línea de meta formará el área de meta.

El área de penalti

En cada extremo del terreno de juego está trazada la llamada *área de penalti* que responde a esta definición: *se trazarán dos líneas perpendiculares a la línea de meta, a 16,5 m desde la parte interior de cada poste de meta. Dichas líneas se adentrarán 16,5 m en el terreno de juego y se unirán con una línea paralela a la línea de meta*. El rectángulo que se obtiene así, delimitado por esas líneas y la línea de meta, formará el área de penalti.

En cada área de penalti se marcará un punto de penalti a 11 m de distancia desde el punto medio de la línea entre los postes, equidistante a los mismos. Al exterior de cada área de penalti, se trazará asimismo un semicírculo con un radio de 9,15 m desde cada punto de penalti.

La materialización de este emplazamiento será un punto de 0,22 m de diámetro.

En el exterior de cada área de penalti, se trazará asimismo un semicírculo con un radio de 9,15 m desde cada punto de penalti.

El área técnica

Esta área, de creación reciente, se extiende a los lados, a 1 m de cada parte de los banquillos destinados al equipo técnico así como a los sustitutos. Esta área permite al entrenador levantarse para dar a los jugadores las distintas instrucciones durante el partido. En principio, sólo el entrenador principal está autorizado a dar directrices a sus jugadores, y volver luego a su sitio. Pero en realidad sucede también lo contrario.

Creada hace relativamente poco, este área podría llamarse «la jaula de las bestias». En efecto, a menudo los entrenadores van de un lado para otro quemando cigarrillo tras cigarrillo, a menos que sean los presidentes de club que desgastan sus dientes en los tapones de las botellas de plástico.

Las metas

Las metas se colocarán en el centro de cada línea de meta.

REGLA 1: EL TERRENO DE JUEGO

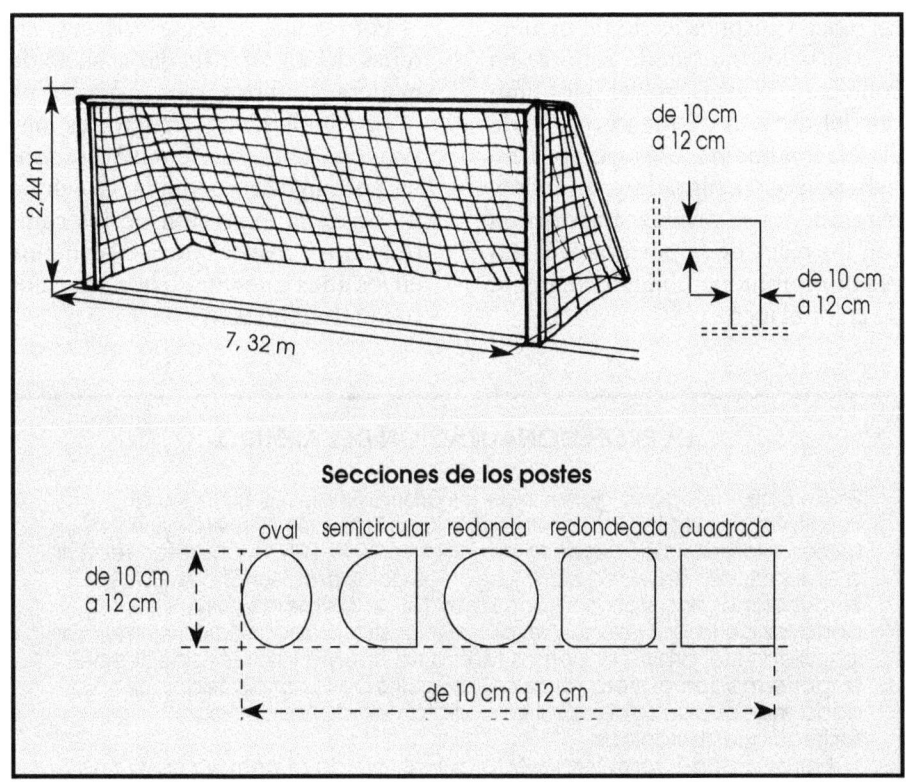

Consistirán de dos postes verticales, equidistantes de los banderines de esquina y unidos en la parte superior por una barra horizontal (travesaño). La distancia entre los postes será de 7,32 m y la distancia del borde inferior del travesaño al suelo será de 2,44 m.

Ambos postes y el travesaño tendrán la misma anchura y espesor, como máximo 12 cm. Las líneas de meta tendrán las mismas dimensiones que los postes y el travesaño. La línea de meta tiene la misma longitud que el travesaño.

Se podrán colgar redes enganchadas en las metas y el suelo detrás de la meta, con la condición de que estén sujetas en forma conveniente y no estorben al guardameta.

Los postes y los travesaños deberán ser de color blanco. Estas redes estarán sostenidas por dos o tres perchas de color oscuro, implantadas a 0,50 m de la base exterior de

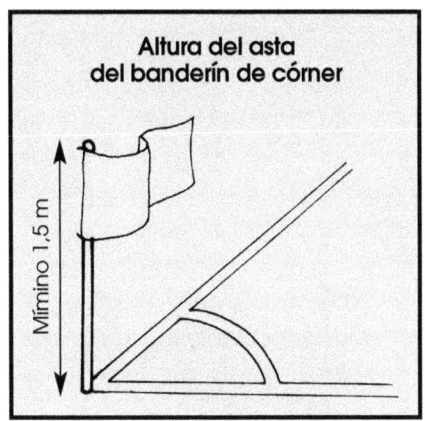

LECCIONES DE FÚTBOL: LA GUÍA DEL ARBITRAJE

las redes y dispuestas de tal manera que el balón no pueda rebotar en contacto con estas, volver a los límites del terreno de juego o salir de él. Normalmente esas perchas no deberían estar pintadas de blanco, para que no se produzca confusión con los palos de la portería y el travesaño, pintados obligatoriamente de color blanco.

Por razones de seguridad, las porterías deben estar fijadas al suelo de manera definitiva.

La forma de los largueros es muy variable: oval, semicircular, redonda, rectangular, cuadrada. Quién no recuerda la expresión de los campeonatos europeos de Saint-Etienne en los años setenta: «¡ah, si los palos fueran redondos!».

LA PROFESIONALIZACIÓN DEL ÁRBITRO

Phillip Don, delegado general de los árbitros ingleses, propuso al comité rector de la First League que los árbitros de primera división fuesen profesionales desde la temporada 1999-2000 y pudiesen recurrir a grabaciones en vídeo para juzgar los goles problemáticos. Estas innovaciones han sido acogidas muy favorablemente. Mike Lee, portavoz de la First League, explicó: «Nuestra preocupación es mejorar la calidad del arbitraje. Hemos tenido en cuenta las necesidades del deporte moderno, pero también los juicios de los aficionados». Ahora nada más queda saber cuál es el dictamen de las diversas federaciones británicas.

Por otra parte, también se está considerando el permiso para que los árbitros lleven publicidad en sus camisetas y cubrir de este modo, al menos en parte, sus salarios. Queda por saber cuál será la actitud de la Federación Internacional frente a estas innovaciones, ya que afectarían notablemente a la organización de los partidos.

REGLA 2: EL BALÓN

Descripción del balón

Será esférico [...] de cuero u otro material adecuado autorizado por la FIFA. Tendrá una circunferencia no superior a 70 cm y no menor de 68 cm. Tendrá un peso no superior a 450 g y no inferior a 410 g al comienzo del partido. El balón tendrá una presión que oscilará entre las 0,6 y las 1,1 atmósferas (600-1.100 g/cm^2) al nivel del mar. Será del tipo n.º 5. Para los partidos de chicos jóvenes de menos de 13 años, o de chicas de menos de 16 años, se utilizará un balón de tipo n.º 4, es decir de una circunferencia comprendida entre 63 y 66 cm, y con un peso comprendido entre 350 y 390 g en una misma hinchada.

Es evidente que el fútbol se juega, por placer, con todo tipo de balones (espuma, plástico, tejidos, etc.). Un consejo para los jóvenes: no se debe jugar nunca con un balón de baloncesto, pues es muy pesado y duro, y al golpearlo con fuerza se convierte en un objeto peligroso.

Utilización del balón

Un partido no puede desarrollarse sin un balón en buen estado, proporcionado por el club que reciba al equipo visitante. Si se deteriorase, sólo podrá ser sustituido con el acuerdo del árbitro. *Si el balón estalla o es dañado en el transcurso del partido, el partido deberá detenerse. El partido continúa con un nuevo balón, con un balón a tierra en el lugar donde se encontraba el primer balón en el momento de ser dañado.*

En la práctica, el árbitro podría admitir la posibilidad de cambio de balón en el transcurso del encuentro si este tarda demasiado en volver al campo. Durante el último campeonato mundial, celebrado en Francia en 1998, se previeron siete balones (seis alrededor del estadio, más uno en juego) para cada partido. Algunos comentaristas de televisión, dándoselas de expertos, se despacharon criticando esta nueva disposición que sólo tenía como finalidad dar ritmo al partido, si bien es preciso en ese caso que los recogepelotas estén muy bien coordinados para evitar que dos balones regresen al terreno de juego al mismo tiempo.

Durante los partidos disputados en el marco de competiciones de la FIFA o de competiciones organizadas por las federaciones nacionales, autónomas o regionales, sólo serán autorizados los

LECCIONES DE FÚTBOL: LA GUÍA DEL ARBITRAJE

balones con una de las tres expresiones siguientes:

— *FIFA approved;*
— *FIFA inspected;*
— *international match-ball standard.*

Actualmente, todos los balones tienen un fondo blanco. En caso de que haya nieve se puede jugar con balones con fondo amarillo o rojo fluorescente.

El viento puede perturbar el juego. No obstante, forma parte del fútbol, un deporte al aire libre. Contrariamente a una idea que suele aceptarse, no existe un balón específico para los partidos sometidos a esta circunstancia. El juego cambiará. Los jugadores mantendrán la

Maldini, el gran defensa lateral del Milán AC, en su banda con el balón al pie. (DR)

EL ARBITRAJE DE FÚTBOL COMO MEDIO DE RECONOCIMIENTO INTERNACIONAL

El arbitraje de fútbol puede ser un medio de reconocimiento internacional para los países a veces olvidados. He aquí cómo el periódico camerunés *Le Messager* anunciaba la participación de Saïd Belqola como árbitro del campeonato mundial en Francia:

El pitido final para un africano

Una vez al año no hace daño. Después de que doce europeos y tres latinoamericanos hayan dirigido las quince primeras finales del campeonato mundial, ahora corresponde a un africano tener el honor de dar el último pitido de «Francia 98». El marroquí Saïd Belqola, inspector de aduanas de 41 años, ha sido así escogido para arbitrar la final Francia-Brasil en el Estadio de Francia, en Saint-Denis, el domingo 12 de julio.

Saïd Belqola, primer árbitro africano y árabe designado para esta tarea, concluye así una temporada deportiva muy rica. El pasado 28 de febrero en Ouagadougou dirigió la final del campeonato africano entre Egipto y África del Sur (2-0). Durante este campeonato mundial, ya había dirigido con clase los encuentros Alemania-USA (2-0) el 15 de junio en París y Argentina-Croacia (1-0) el 26 de junio en Burdeos.

(...) De los 67 árbitros convocados para el campeonato mundial francés, África estaba representada, como Asia, por nueve árbitros, detrás de Europa (29) y Suramérica (11), pero por delante de Colombia, México y Bolivia (7) y Oceanía (2).

REGLA 2: EL BALÓN

pelota a ras de suelo para que esté bien protegida de las ráfagas. Los pases en profundidad, que podían ser arriesgados, serán sustituidos por pases cortos. En cambio, el árbitro deberá estar muy atento en estos casos. En efecto, un lanzamiento que puede parecer —cuando sale— que esté mal dirigido y lejano a la portería, pero puede, con la ayuda del viento, volver a la meta y engañar portero.

REGLA 3:
EL NÚMERO DE JUGADORES

Los jugadores

El partido será jugado por dos equipos formados por un máximo de once jugadores cada uno, de los cuales uno jugará como guardameta. El partido no se iniciará si uno de los equipos tiene menos de siete jugadores.

Para todos los partidos oficiales, es posible recurrir a tres sustitutos como máximo, que figurarán en la hoja del partido. Para los encuentros del campeonato mundial, por ejemplo, todos los jugadores de una selección (22 menos los lesionados o los eventuales sancionados) deben estar inscritos en la hoja del partido. Los once primeros empiezan el partido, mientras que los demás son los sustitutos. No obstante, el número de sustituciones está limitado a tres.

Para los partidos amistosos o de preparación, el número de sustituciones se decide entre los responsables de los dos equipos. En cualquier caso, ya sea un partido oficial o un partido amistoso, el árbitro debe conocer el número de sustituciones eventuales por equipo. Si no hay acuerdo entre los dos equipos, el números de sustituciones será de tres. Sea cual sea el tipo de partido, un sustituto no declarado como tal no podrá participar en el encuentro.

El procedimiento de la sustitución

La sustitución de un jugador por un sustituto debe conformarse al siguiente procedimiento:

— *el árbitro debe estar informado previamente de cada sustitución prevista* (lo que supone una buena coordinación entre el árbitro asistente del lado del banquillo y el árbitro);

Se puede jugar a fútbol con siete jugadores. El terreno de juego es entonces distinto. Su longitud varía de 40 a 60 m, su profundidad de área de penalti puede reducirse hasta 10 m. El punto de penalti puede según los casos permanecer a 11 m o ser acercado a 8 m. Las dimensiones de las metas pueden reducirse hasta los 6 x 2 m. El minifútbol se juega con cinco jugadores. Parte de los mismos principios técnicos, pero las reglas son diferentes.

REGLA 3: EL NÚMERO DE JUGADORES

— *el sustituto no entrará en el terreno de juego hasta después de la salida del jugador y después de ser invitado por una señal del árbitro* (previamente, el árbitro asistente habrá comprobado el estado de los tacos del sustituto);
— *el sustituto entrará en el terreno de juego al nivel de la línea mediana y durante una parada del juego;*
— *el procedimiento de sustitución acaba en el momento en que el sustituto penetra en el terreno de juego;*
— *el sustituto se convierte entonces en jugador, y el jugador al que ha sustituido deja de ser jugador;*
— *un jugador que ha sido sustituido no puede volver a participar en el partido;*
— *todo sustituto está sometido a la autoridad y a las decisiones del árbitro, tenga que jugar o no.*

Cada vez más, junto con el entrenamiento, el sustituto forma parte integrante de la táctica de los entrenadores. Se ha visto a grandes jugadores, especialmente durante el último campeonato mundial, o incluso en otros, jugar solamente partes de partidos.

El respeto de los procedimientos es difícil de seguir. Los árbitros deben tener entonces sus sentidos al acecho y comunicarse bien entre ellos.

La sustitución del guardameta

El guardameta es un jugador aparte en el fútbol porque está autorizado a tocar la pelota con las manos. No obstante, su sustituto no es muy diferente del resto de jugadores. Puede ser sustituido por otro guardameta si este forma parte de los sustitutos, y si no se ha alcanzado el número de tres sustituciones. Pero también puede cambiar su puesto con cualquier otro jugador del campo en la medida en que el árbitro haya sido prevenido, y el cambio de puesto se efectúe durante una parada del juego; por último, el jugador que ha cambiado de puesto debe cambiar de camiseta para que pueda ser distinguido por los demás jugadores.

Las contravenciones y las sanciones

La regla que dictamina la sustitución de los jugadores en el transcurso del partido debe ser conocida por todos los componentes del equipo, y en especial si se juega en primera división. En el caso de los clubes que compiten en divisiones inferiores y de las secciones infantiles, juveniles y *amateurs*, es preciso tener en cuenta las siguientes apreciaciones.

Si un sustituto penetra en el terreno de juego sin autorización del árbitro:

— *el juego debe detenerse;*
— *el sustituto en cuestión es amonestado (tarjeta amarilla) y debe abandonar el terreno de juego;*
— *el juego continúa con un balón a tierra en el lugar donde se encontraba el balón en el momento de la interrupción del juego.*

LECCIONES DE FÚTBOL: LA GUÍA DEL ARBITRAJE

Contraataque del capitán: ¿tendrá el suficiente juego de cadera para superar al defensa? (Fisec/Bourg-en-Bresse, 1994; © Bruno Grelon)

Si un jugador cambia su puesto con el guardameta sin que se haya informado al árbitro de ello previamente:

— el juego continúa;
— el jugador en cuestión es amonestado (tarjeta amarilla) cuando el balón deje de estar en juego.

Expulsión de jugadores o de sustitutos

Un jugador que ha sido expulsado antes del saque sólo puede ser sustituido por uno de los sustitutos designados como tales. Un sustituto designado que ha sido expulsado ya sea antes o después del saque no puede ser sustituido.

Recomendaciones a los árbitros

Antes de cada partido es indispensable que los árbitros exijan la presentación de las licencias pertinentes y comprueben la identidad de todos los jugadores que vayan a participar en el encuentro. Si un jugador no presentase su licencia, el árbitro deberá exigir su documento nacional de identidad. Una vez que se haya realizado la comprobación, el árbitro deberá consignar todos los datos en la hoja de arbitraje y dar las instrucciones pertinentes para el inicio del partido.

Por lo que respecta a los partidos de categorías no profesionales como cadetes, infantiles, y menores de

REGLA 3: EL NÚMERO DE JUGADORES

13 años, si el árbitro no pudiese comprobar antes del partido la identidad de un jugador por carecer este de la documentación necesaria, tendrá que solicitar el aval del capitán, quien habrá de firmar la autorización del jugador indocumentado. Hecho esto, podrá celebrarse el encuentro sin ningún tipo de inconveniente.

CUANDO UN JUGADOR SE CONVIERTE EN ÁRBITRO

Muchos jugadores de alto nivel reprochan a los árbitros que no hayan practicado el fútbol. Este no es el caso de Jean-Marc Rodolphe, que arbitra hoy en día en el campeonato nacional de Francia.

Hace algunos años, Jean-Marc Rodolphe era guardameta profesional. De hecho, ha jugado en los equipos de Metz, Bastia, Le Mans y Sedan y, en total, habrá disputado cincuenta partidos profesionales en esta posición. El 30 de junio de 1996 decidió poner fin a su carrera de jugador para convertirse en árbitro. «Sabía que acabaría mi carrera en Sedan, y también sabía que deseaba convertirme en árbitro. Ahora, cuando entro en el terreno de juego, me siento a gusto.»

REGLA 4: EL EQUIPAMIENTO DE LOS JUGADORES

¿Cómo imaginar a un jugador de fútbol sin su equipamiento básico? Si, contrariamente a otros deportes como el hockey sobre hielo o el fútbol americano, el uniforme no *vampiriza* al fútbol, las modas evolucionan, sobre todo con la llegada de nuevos materiales.

El equipamiento básico

El equipamiento o el uniforme de un jugador no debe representar en ningún caso un peligro para él mismo o para los demás. Esto se aplica *igualmente a las joyas de todo tipo.*

El equipamiento básico de cualquier jugador comprende:

— *una camiseta o jersey;*
— *unos pantalones cortos.* Si el jugador lleva unos pantalones elásticos como los de ciclista, deberán ser del color dominante de los pantalones. El árbitro no debe dejar entrar en el partido a un jugador cuyo color del pantalón térmico sea muy diferente al de los pantalones. El jugador no podrá regresar al terreno de juego si no lleva un uniforme de acuerdo con el reglamento;
— *medias;*
— *canilleras o espinilleras, que deben:*

  a) estar completamente recubiertas por las medias;
  b) ser de un material adecuado (caucho, plástico o materiales similares);
  c) ofrecer un grado de protección apropiado;

— *calzado:* las zapatillas deben llevar tacos, si bien el nuevo reglamento no precisa su longitud, siendo el árbitro quien deba dictaminar su conveniencia. Sin embargo, el antiguo texto indicaba que los tacos no debían exceder los 19 mm. Los de aluminio están desaconsejados ya que son muy peligrosos y los de aluminio hueco están prohibidos. Se recomienda el uso generalizado de tacos de plástico, aunque no son obligatorios. También se autorizan zapatillas de baloncesto o tenis, e incluso se recomiendan en tiempos de hielo o nieve.

Por otra parte, el capitán llevará en uno de sus brazos un brazalete de un color distinto al de la camiseta, cuyo ancho no será inferior a los 4 cm.

REGLA 4: EL EQUIPAMIENTO DE LOS JUGADORES

El uniforme del guardameta

El guardameta debe llevar un uniforme con colores que lo distingan de los demás jugadores, del árbitro y de los árbitros asistentes. Está autorizado a llevar una gorra para protegerse del sol entre otras circunstancias; sin embargo, la visera de la gorra no debe ser rígida. Cuando el guardameta ha cambiado su puesto con un jugador de campo, este último debe obligatoriamente ponerse una camiseta que lo diferencie de los demás jugadores y de los árbitros.

Las contravenciones y las sanciones

Si el equipamiento de un jugador no respetase esta regla:

— *el juego no debe necesariamente detenerse;*
— *el jugador que contravenga esta regla, debe ser obligado por el árbitro a abandonar el terreno de juego para corregir su uniforme;*
— esta salida del jugador se efectúa desde la siguiente interrupción del juego, salvo si ya ha corregido su uniforme;
— *todo jugador que haya abandonado el terreno de juego para corregir su uniforme no podrá regresar a este sin ser previamente autorizado por el árbitro;*
— *el árbitro debe controlar la conformidad del equipamiento de un jugador antes de autorizarlo a regresar al terreno de juego;*
— *el jugador no puede regresar al terreno de juego hasta que se produzca una detención del juego.*

EL UNIFORME DE LOS ÁRBITROS

El uniforme de los árbitros ha cambiado al igual que el de los jugadores. Los campeonatos mundiales nos sirven de referencia para ver la evolución de su equipamiento. Hasta el año 1938, los árbitros llevaban un uniforme heredado del críquet: un traje negro compuesto por una chaqueta y unos pantalones cortos, todo sobre una camisa blanca. ¡Obviamente, seguro que al cabo de 90 minutos de juego, debían de sentirse muy incómodos en su traje! El uniforme negro se impuso desde el campeonato mundial de 1950 en Brasil, y hasta 1994 —44 años de reino del negro, la tristeza tiene una larga vida—. Aunque fue precisamente en 1994, en Estados Unidos, cuando aparecieron las camisetas de color para los árbitros y sus asistentes, ya en 1986, en México, algunos árbitros enarbolaron una magnífica camiseta roja, entre estos Joël Quiniou, uno de los precursores en la materia.

Actualmente, sea cual sea el nivel de juego, ya nadie imagina a un árbitro completamente vestido de negro. No obstante, puede echarse de menos la falta de imaginación de los fabricante de camisetas que se limitan a menudo a tres o cuatro colores juntos. Señores árbitros, sean más atrevidos, háganse notar con camisetas originales, ya que, al fin y al cabo, la regla es muy flexible: su camiseta debe ser diferente a la que llevan los jugadores, para evitar confusiones, y eso es todo.

Un joven árbitro con el uniforme oficial (© Guy Barbier - Stage UGSEL)

REGLA 5: EL ÁRBITRO

Cada partido se disputa bajo el control de un árbitro que dispone de toda la autoridad necesaria para velar por la aplicación de las reglas del juego en el marco del partido que debe dirigir.

Los derechos y los deberes del árbitro

El árbitro debe:

— *velar por la aplicación de las reglas del juego;*
— *asegurarse el control del partido en colaboración con los árbitros asistentes y, si procede, con el cuarto árbitro oficial* (véase el cuadro de la página 43), *quien ha tomado, desde el último campeonato del mundo, más importancia;*
— *cerciorarse de que el balón satisface las exigencias de la regla 2;*
— *asegurarse de que el equipamiento de los jugadores satisface las exigencias de la regla 4;*
— *desempeñar la función de cronometrista y redactar un informe sobre el partido;*
— *detener el partido temporalmente, suspenderlo o detenerlo definitivamente, a su discreción, en cada contravención de las reglas;*
— *detener el partido temporalmente, suspenderlo o detenerlo definitivamente en razón de la interferencia de acontecimientos exteriores, sean los que sean;*
— *detener el partido si, según su parecer, un jugador es lesionado seriamente y hacer que lo transporten fuera del terreno de juego;*
— *dejar que continúe el juego hasta que el balón haya cesado de estar en juego si, según su parecer, un jugador está sólo ligeramente lesionado;*
— *hacer de manera que cualquier jugador que tenga una herida que sangre abandone el terreno de juego. El jugador no podrá regresar hasta que reciba una señal del árbitro cuando este se haya asegurado que ya no sangra;*
— *dejar que el juego continúe cuando el equipo contra el que se ha cometido una falta pueda sacar ventaja de ello y sancionar la falta cometida inicialmente si la ventaja prevista no sobreviene en ese momento;*
— *sancionar la falta más grave cuando un jugador comete simultáneamente varias faltas;*
— *tomar medidas disciplinarias con cada jugador que haya cometido una falta posible de amonestación o de exclusión. El árbitro no está*

REGLA 5: EL ÁRBITRO

obligado a reaccionar inmediatamente, pero deberá hacerlo en la siguiente interrupción del juego;
— *tomar medidas con los representantes del equipo que no tengan un comportamiento responsable, y si fuese preciso expulsarlos;*
— *intervenir por indicación de los árbitros asistentes en lo que respecta a los incidentes que no haya podido constatar él mismo;*
— *impedir que toda persona no autorizada penetre en el terreno de juego;*
— *dar la señal de reanudación del partido tras una interrupción del juego;*
— *entregar a las autoridades competentes un informe consignando las informaciones relativas a toda medida disciplinaria que haya tomado para con los jugadores y responsables, así como cualquier otro incidente sucedido antes, durante o después del partido.*

Las decisiones del árbitro

Las decisiones del árbitro sobre los hechos en relación con el juego son inapelables. No obstante, el árbitro puede rectificar una decisión si se da cuenta de que esta es incorrecta o tras un aviso de un árbitro asistente, todo con la reserva de que el juego no se haya reanudado.

En su obra *Libre arbitre*, Joël Quiniou nos recuerda que:

«En conjunto, el fútbol moderno y el arbitraje unidos deberán enfrentarse a tres retos diferentes:

»1) El fútbol necesita cada vez más tiempo de juego. Demasiadas paradas de juego perjudican el espectáculo (sustituciones de jugadores cuyo número acaba de pasar de 2 a 3, simulaciones de lesiones, pérdidas de tiempo, etc.).

»2) El fútbol necesita cada vez más goles pero también más belleza. Y no será Michel Platini, el mayor creador que ha conocido el fútbol francés, quien desmienta esta afirmación.

»Las medidas adoptadas no han sido vanas, ya se trate de la lucha iniciada contra el abuso del pase hacia atrás o bien la amenaza de expulsión para un defensor que impide marcar a un jugador.

»3) El fútbol necesita cada vez más corrección para luchar contra la violencia en los terrenos de juego. Pero también fuera.»

Para responder a este *credo*, el respeto a los artículos de la regla 5 sobre el árbitro es fundamental.

Todo educador debe enseñar esta regla a sus jugadores. El árbitro es el regulador, el corrector, el juez del juego. Y cada uno debe saber que no se echa uno atrás sobre lo juzgado. Y que las decisiones, aunque hagan mucho daño en el momento, deben ser aplicadas.

Dos casos ejemplares del campeonato mundial de 1998 ilustran este argumento: las expulsiones de Zinedine Zidane y de Laurent Blanc. Uno fue culpable de una falta y no la contestó. El otro cayó en el juego de la provocación, cometió una falta benigna, pero salió como un gran señor. Dos ejemplos que deberían seguir todos los jugadores.

En *Libre arbitre*, Joël Quiniou, TF1 éditions, 1996, página 170.

El árbitro (o en su defecto, uno de sus asistentes o el cuarto árbitro) no puede ser considerado responsable:

— *de ninguna lesión sufrida por un jugador, un entrenador o un espectador;*
— *de los daños materiales que sean;*
— *de ningún prejuicio causado a una persona física, a un club, a una compañía, a una asociación o a cualquier otro organismo y que sea imputado a una decisión tomada de acuerdo a las reglas del juego o a los procedimientos normales requeridos para organizar un partido, disputarlo o controlarlo.*

Esto puede hacer referencia a:

— *la decisión de permitir o de suspender el desarrollo del partido en razón del estado del terreno de juego y sus alrededores, o en razón de las condiciones meteorológicas;*
— *la decisión de detener el partido definitivamente por la razón que sea;*
— *toda decisión sobre el estado de los equipamientos y accesorios utilizados durante el partido, incluidos los postes de las porterías, los travesaños, los banderines del córner y el balón;*
— *la decisión de interrumpir o no el partido en razón de la intervención de espectadores o de cualquier problema sucedido en la zona reservada a los espectadores;*
— *la decisión de interrumpir o no el partido para permitir el transporte de un jugador lesionado fuera del terreno de juego para ser atendido;*
— *la decisión de exigir con insistencia el transporte de un jugador lesionado fuera del terreno de juego para ser atendido;*
— *la decisión de permitir o de prohibir a un jugador llevar ciertos accesorios o equipamientos;*
— *la decisión (siempre que proceda) de permitir o de prohibir a alguna persona (incluidos los responsables de los equipos o del estadio, los agentes de seguridad, los fotógrafos u otros representantes de los medios de comunicación) de mantenerse en las proximidades del terreno de juego;*
— *cualquier otra decisión que pueda tomar el árbitro de acuerdo con las reglas del juego o de acuerdo a sus obligaciones tal y como están definidas en los reglamentos y prescripciones de la FIFA, de las Confederaciones, de las Asociaciones nacionales o de las Ligas bajo cuya responsabilidad se disputa el partido.*

En los torneos y competiciones para los que se designa un cuarto árbitro, el papel y las obligaciones de este último deben ser conformes a las directivas aprobadas por la International F. A. Board.

El papel del árbitro

Empieza antes del partido, prosigue durante el mismo, y acaba después de cerrar el acta.

Antes del partido

El árbitro tiene que llegar al campo una hora antes de la hora oficial del encuentro, sea cual sea la categoría del partido.

Una vez allí, debe:

— pedir que le sea presentado el delegado del campo;

REGLA 5: EL ÁRBITRO

INTERPRETACIÓN DE LOS GESTOS DEL ÁRBITRO

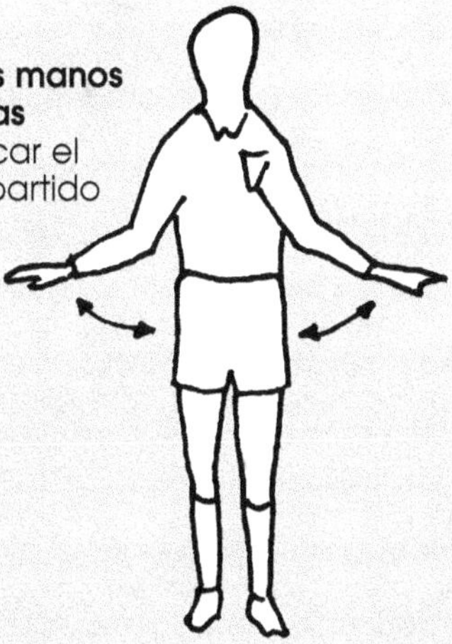

Cruzar las manos extendidas
Para indicar el final del partido

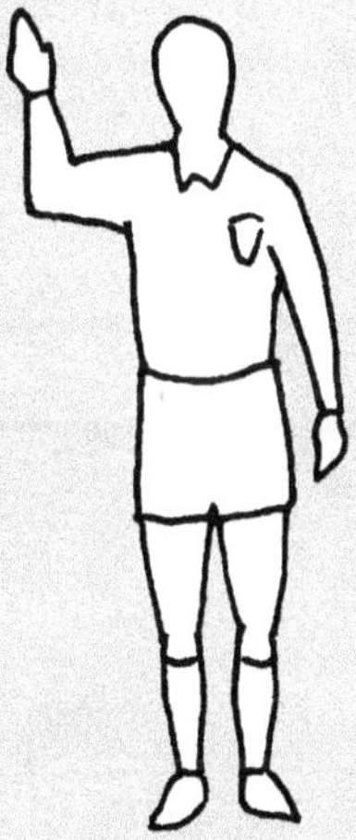

Señalar con el dedo hacia abajo
Hacia el círculo central cuando se concede el gol. Hacia el punto de penalti, la zona de los seis metros o del poste del córner para indicar su decisión

Agitar las manos en el aire
Gesto que sirve para que los jugadores entiendan que el árbitro da la ventaja, es decir que no pita una falta, para que no beneficie al infractor

Levantar el brazo en ángulo recto
Tiro libre directo. Un gol puede ser marcado directamente por el jugador que lanza el tiro libre

Extender el brazo en vertical
Tiro libre indirecto. Es imprescindible que otro jugador (compañero o contrario) toque el balón antes de que entre en la portería para que este sea válido. El brazo levantado indica la portería hacia la que ataca el equipo beneficiario del tiro libre

35

 **LECCIONES DE FÚTBOL: LA GUÍA DEL ARBITRAJE**

LOS LÍMITES DEL VÍDEO EN EL ARBITRAJE

Recuerden que en el campeonato mundial de 1998, durante el partido Noruega-Brasil (2-1), el árbitro americano no dudó en otorgar a los noruegos un penalti porque un jugador brasileño había tirado de la camiseta de un adversario en el área de penalti. Además de dar la victoria a los noruegos, ese penalti eliminaba de hecho a Marruecos, que no obstante habría vencido a Escocia. Al día siguiente, toda la prensa se desató contra el árbitro como demuestra este extracto anónimo: «... Si el error de interpretación forma parte del juego desde su origen, la desgraciada decisión del americano Esfandiar Baharmast (44 años), consejero financiero en la vida civil, causó el martes un profundo trauma. En pocos segundos, la decisión de un hombre solo en medio del terreno de juego fue cuestionada por millones de telespectadores que, con el apoyo de la cámara lenta, vieron lo que el árbitro americano, internacional desde hace sólo 5 años, no apreció: la ausencia de falta real en el área de penalti. Este tipo de error —el ojo humano no es infalible— descansa una vez más en el problema de la introducción del vídeo en el deporte de alto nivel para ayudar a los directores del juego en algunas acciones decisivas...»

Había, parece ser, dieciséis cámaras en al campo; sin embargo, unos días más tarde, una cámara, la diecisiete, no prevista, demostró de manera evidente que el Sr. Baharmast lo había visto bien, aunque fuera árbitro internacional sólo desde hacía 5 años, y que había habido penalti. Eso demuestra dos cosas: primero que el vídeo no será nunca la panacea en materia de arbitraje —eso también quedó demostrado en el fútbol americano—, y luego que algunos de mis colegas deberían medir sus palabras antes de mandar a un árbitro a la picota.

¿Y POR QUÉ NO DOS ÁRBITROS?

La UEFA quiere experimentar la idea de dos árbitros por partido. En su número del 9 de marzo de 1999, el periódico *L'Équipe* informó que «Francia podría ser propuesta como territorio para el experimento». Y para que este test fuera válido, sería necesario que el arbitraje «a dúo», en «binomio», en «doble» (¿qué nombre darle?) se probase en la segunda división francesa, es decir con profesionales. Esa sería una evolución notable del arbitraje. ¿Qué resultados obtendríamos?

— examinar el estado del terreno de juego, las porterías, las redes, el trazado, para que se realice cualquier modificación eventual que satisfaga las reglas del juego;
— exigir un vestuario separado del de los equipos;
— exigir la presencia de botiquín;
— asegurarse el concurso de los dos árbitros asistentes;
— hacer rellenar el acta del partido y hacer firmar a los dos capitanes, incluso en caso de partido amistoso, y precisar, cuando se

REGLA 5: EL ÁRBITRO

firme esta hoja, que si esta no lleva los nombres y apellidos así como el número de licencia de los jugadores sustitutos, no serán posibles los cambios;
— hacer que le sean presentadas las licencias y asegurarse de que todos los nombre y apellidos corresponden a las licencias presentadas y que los números en las camisetas de los jugadores son idénticos a los que se han inscrito en la hoja de arbitraje;
— si uno o varios jugadores no están en posesión de la licencia, hacerles firmar la hoja del partido y, en ese caso, indicar el número de licencias de los jugadores extranjeros;
— comprobar la identidad de los jugadores. Si un jugador no presenta su licencia, el árbitro debe asegurarse su identidad por todos los medios en su poder (presentación de un carné de identidad con fotografía). En caso de que el árbitro no haya podido establecer con certeza la identidad de un jugador, debe prohibirle que tome parte en el encuentro. El capitán puede realizar una atestación firmada sobre la pertenencia de un jugador al club en caso de ausencia de licencia, pero debe ser el jugador el que pruebe su identidad;
— asegurarse de que los dos capitanes llevan el brazalete reglamentario, y de que los guardametas llevan colores que los distinguen de los demás jugadores. Desde que los árbitros pueden arbitrar con camisetas de distintos colores, es esencial que comprueben los colores de los equipos para evitar dudas entre jugadores y árbitros;
— llamar a los dos capitanes y proceder al sorteo, dejando escoger el campo al ganador.

Durante el partido

El árbitro está aquí para dirigir el juego mediante la aplicación del reglamento. Para ello:

— conducirá el partido como director del juego y no como policía;
— se abstendrá de tomar decisiones que darían ventaja al equipo culpable;
— si debe amonestar o expulsar a un jugador, lo hará con el juego detenido. No deberá escuchar las explicaciones del jugador o del capitán;
— deberá anotar inmediatamente en su carné de notas, el número, nombre y apellidos del jugador que habrá sido amonestado o expulsado y la hora en la que se ha producido este incidente;
— igualmente, inscribirá en su carné de notas los nombres y apellidos del jugador sustituido y del jugador que lo sustituya, así como la hora del cambio;
— si un jugador, tras cometer una falta que conlleva su expulsión, abandona el terreno de juego antes de que el árbitro tenga tiempo de hacerle saber su decisión de excluirlo, esta notificación se realizará, antes de que se reanude el juego, al capitán del jugador que ha cometido la falta. Se inscribirá, después del

partido, en la hoja de arbitraje y será refrendada por el capitán. Así, los dirigentes del jugador y su capitán no podrán pretender que ignoraban que quien ha cometido la falta y ha sido efectivamente expulsado debe asumir la suspensión automática que está prevista por el reglamento;
— si existe reclamación por cuestión técnica, el árbitro la aceptará y lo consignará en el acta del partido;
— prohibirá a las personas autorizadas en el interior del terreno de juego (un directivo, un masajista, un entrenador y los sustitutos) que circulen a lo largo de la línea de banda, que aconsejen a los jugadores o que intervengan en el juego. En caso de reincidencia, ordenará su expulsión;
— comprobará que los sustitutos inscritos se encuentren en el banquillo, si llevan uniforme;
— se asegurará de que los jugadores expulsados abandonen el terreno de juego;
— en caso de invasión del terreno de juego por los espectadores, tendrá recurso, para restablecer el orden, al delegado, y, si fuera necesario, al capitán del equipo de casa. Si la invasión persiste o si, tras la expulsión de un jugador, al capitán le es imposible convencer a su equipo, que rechaza jugar, el árbitro abandonará el terreno de juego, mencionará los hechos en el acta del partido y realizará un informe detallado para las autoridades competentes;

— si, al llegar tarde, constata que el partido ha empezado, dejará que el partido continúe.

Después del partido

Después del partido, la tarea del árbitro no ha terminado; deberá:

— completar el acta del partido indicando el resultado del encuentro en letras y cifras. Firmará luego el acta con su firma, dirección y número de licencia;
— si ha existido, en el transcurso del partido, una reclamación que el capitán que expone la queja confirma al acabar el partido, el árbitro deberá entonces inscribir sus reservas técnicas en el acta de arbitraje y hará que sean firmadas por el capitán que reclama, el capitán del equipo contrario y el árbitro asistente interesado;
— en caso de que las reservas técnicas se realizasen durante el primer tiempo, el árbitro no consentirá bajo ningún concepto inscribirlas en el acta del partido durante el descanso de la media parte;
— aunque no se haya producido una reclamación en el transcurso del partido y que un capitán solicita al árbitro inscribir una reclamación, este no podrá oponerse, pero mencionará las condiciones en las que ha sido formulada dicha reclamación;
— indicará a los jugadores que se hayan lesionado, mencionando si han terminado el partido o no;
— anotará en acta el nombre del jugador sustituido durante el

REGLA 5: EL ÁRBITRO

partido, el del jugador que lo haya sustituido, así como la hora de la sustitución;
— mencionará en acta, en la casilla reservada a tal efecto, el nombre, apellidos y número de licencia de todos los jugadores amonestados y se indicará brevemente el motivo;
— si se ha producido expulsión de jugadores, el árbitro indicará su nombre, apellidos y número de licencia del culpable, así como el motivo oficial de la expulsión. En este informe, el árbitro expondrá los hechos detalladamente, pero no deberá proponer una sanción u otra, o bien solicitar la indulgencias de las comisiones competentes;
— si se han producido incidentes (invasión momentánea del terreno de juego, jugador lesionado, etc.), el árbitro establecerá un informe detallado que será dirigido a la comisión competente. Si se han producido incidentes tras el partido, mencionará en el acta de arbitraje: «Incidentes tras el partido. Sigue anexo»;
— eventualmente realizará reservas, incluso tras el partido, por fraude y falsificación, es decir, por falsa licencia. Si existe protesta por una licencia, esta debe ser retenida por el árbitro y ser adjuntada al informe que debe establecer.

El árbitro y la noción de ventaja

¿La ventaja es una regla, una ley o una noción? Cuando se relee el conjunto de textos oficiales, y a pesar de todo lo que puedan pensar una gran parte de los espectadores, la ventaja es una noción, lo que significa que no hay nada de automático en cuanto a su aplicación. Cuando sanciona una contravención, el árbitro debe evitar favorecer al equipo que ha cometido la falta. Esta noción está enunciada como sigue en la regla 5: *dejar que el juego continúe cuando el equipo contra el que se ha cometido una falta puede sacar de ello una ventaja, y sancionar la falta cometida inicialmente si la ventaja prevista no sobreviene*. Más claramente, eso significa que el árbitro no debe tomar una decisión que se convertiría en

---

¿Y SI EL ÁRBITRO SE LESIONA?

El árbitro es indispensable, por lo que debe ser sustituido en caso de lesión por uno de sus asistentes si ha sido designado oficialmente.
La neutralidad de este árbitro asistente está implícitamente reconocida por esta designación oficial. Según las nuevas disposiciones reglamentarias, deberá ser el árbitro asistente, operando del lado de las tribunas oficiales, el que deberá sustituir al director de juego. Para los partidos en los que se prevé un cuarto árbitro, este último será el que asumirá la función arbitral. Si se marca un gol mientras el árbitro está inconsciente, tras un choque por ejemplo, el árbitro asistente mejor situado deberá validar el gol o no.

LECCIONES DE FÚTBOL: LA GUÍA DEL ARBITRAJE

una desventaja para el equipo víctima de una falta. Penalizando todas aquellas faltas cometidas intencionalmente (más que dejar jugar), el árbitro se arriesgaría a beneficiar al equipo culpable, del que se convertiría, en cierto modo, en el cómplice. Aplicando con juicio la noción de ventaja, el árbitro demuestra su dominio, inteligencia y autoridad, y fuerza de hecho el respeto. Es la diferencia entre la Ley y el espíritu de la Ley.

No obstante, la noción de ventaja está lejos de ser automática. No existe obligatoriamente ventaja cuando el equipo contra el que se acaba de cometer una falta conserva sin embargo el control del balón. Es preciso que este equipo conserve el balón en condiciones tan favorables que el tiro libre que le sería concedido en compensación a la falta cometida por el equipo contrario, le sería contrariamente desfavorable y beneficiaría en ese caso al equipo que ha cometido la falta.

Cuando el árbitro no tiene duda de que el equipo que podría beneficiarse de un tiro libre tiene toda la ventaja si este no es concedido, el árbitro dejará que prosiga el juego y ninguna consideración le permitirá apartarse de esta línea de conducta. En cambio, si el equipo víctima de la falta no puede sacar ventaja de la no intervención del árbitro, o si esta ventaja es sólo problemática y sin gran alcance, el árbitro ajustará su actitud teniendo en cuenta la deportividad de los jugadores. Dejará jugar si su autoridad no se ve alterada por ello y si el juego no tiende a degenerar. En el caso contrario, sancionará la falta cometida.

Cuando aplica la ventaja, el árbitro deberá manifestar, mediante gestos, que ha visto la falta cometida, pero que aplica la ventaja, una manifestación que tranquilizará eventualmente al jugador víctima de la falta. A la primera detención natural del juego, el árbitro no dejará de señalar al culpable que su gesto ha sido percibido, amonestarle o expulsarle si procede.

La ventaja presenta más interés cuando el equipo susceptible de beneficiarse de ella está más cerca de la portería contraria, salvo el área de penalti, y el árbitro lo tendrá en cuenta en su apreciación. Pero sea cual sea el lugar donde se haya cometido una falta, la línea de conducta será la misma: el árbitro se abstendrá de penalizar una falta si considera que, al hacerlo, favorece al equipo que la ha cometido.

Un arbitraje firme pero justo

En términos absolutos, el árbitro no debería actuar con severidad. Sin embargo, la experiencia demuestra que se producen pocos partidos angelicales, y que muy a menudo el árbitro debe imponerse. Dispone de dos armas: la amonestación y la llamada al orden.

La amonestación

El árbitro detiene el juego, llama al jugador y, frente a él, levanta ostensiblemente la *tarjeta* y luego anota el número de camiseta, nombre y apellidos del jugador amonestado.

REGLA 5: EL ÁRBITRO

En ese caso, el árbitro debe intervenir con firmeza y espíritu de decisión. Se abstendrá de discutir con el jugador incriminado o con sus compañeros. La amonestación es una sanción administrativa que, aplicada en el momento oportuno, contribuye al buen desarrollo del juego, reforzando a la vez la autoridad del árbitro.

So pena de falta grave, el árbitro debe mencionar las amonestaciones en el acta del partido, precisando sucintamente los motivos, y enviar luego los informes complementarios correspondientes al

SEÑALES DEL ÁRBITRO - LAS SANCIONES

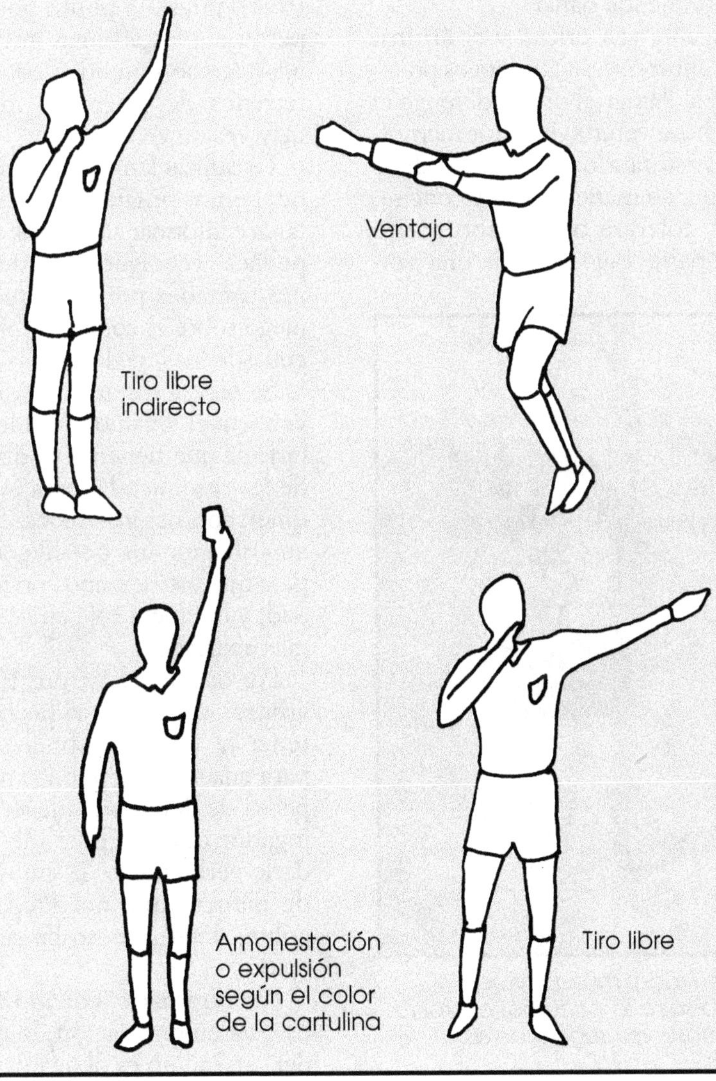

- Tiro libre indirecto
- Ventaja
- Amonestación o expulsión según el color de la cartulina
- Tiro libre

responsable de la comisión de árbitros.

La llamada al orden

Al igual que en el caso de la amonestación, la llamada al orden debe comportar, por parte del árbitro, una cierta solemnidad. Hay que tener en cuenta que no se trata de una reprimenda banal.

Para que sea eficaz y el árbitro pueda ahorrarse una tarjeta es preciso que al llamar al orden detenga el juego, haga venir al jugador incriminado y, situándose frente a él, le explique, de manera clara y concisa, que no tolerará otro despropósito por su parte, bajo pena de una sanción efectiva. Si la llamada al orden no responde a estas normas, pierde todo poder disuasivo, y la credibilidad del árbitro se resentirá notablemente por ello.

La utilización de las tarjetas

La utilización de tarjetas de amonestación (amarilla) y de expulsión (roja), puesta a punto por la FIFA, permite a los árbitros internacionales hacerse entender en todos los terrenos de juego del mundo sin mayores dificultades.

La utilización de estas tarjetas tiene como finalidad simplificar la tarea e informar al público, que antes, podía a veces ignorar ciertas decisiones tomadas por los directores de juego sobre el comportamiento irregular de los jugadores.

Se pide a los árbitros que no lleven en el mismo bolsillo las dos tarjetas que tienen a su disposición. Se les recomienda, para evitar cualquier confusión, colocar la tarjeta amarilla en un bolsillo accesible, para que esté a mano con más facilidad, y la tarjeta roja en otro bolsillo más apartado.

Por otra parte, se precisa que los árbitros sepan que el hecho de sostener la tarjeta al final del brazo para enseñarla al público no los dispensa de detener el juego, llamar al jugador que ha cometido la falta y darle verbalmente la amonestación de manera que no pueda, tras el golpe, decir que no ha sido informado.

Por otra parte, cuando el árbitro da una amonestación, la presencia del capitán no es obligatoria.

Brazo estirado, mirada firme, cuando saca la cartulina, el árbitro debe mostrarse seguro de su decisión.

REGLA 5: EL ÁRBITRO

¿DE QUÉ SIRVE EL CUARTO ÁRBITRO?

En algunas competiciones, se designa a un cuarto asistente, conocido con el nombre de *cuarto árbitro*. Entra en función si uno de los tres oficiales del partido está incapacitado para asumir su tarea. En caso de indisponibilidad del árbitro, este último podrá ser sustituido ya sea por uno de los asistentes, ya sea por el cuarto árbitro. Durante el campeonato mundial de Francia, fue el cuarto árbitro quien fue designado para sustituir al titular.

El cuarto oficial está encargado de asistir al árbitro, a petición de este, en todas las tareas administrativas que sucedan antes, durante y después del partido, a saber: el control de los balones de sustitución, el control del equipamiento de los sustitutos antes de que penetren en el terreno de juego, el control del tiempo real del juego, etc.

SOBRE EL SILBATO

Las reglas del juego no dan detalles ni precisiones en cuanto al silbato. En cambio, se recomienda a los árbitro disponer de dos silbatos por si uno quedara inutilizable. Si algunos árbitros merecieron el sobrenombre de «el Mozart del silbato», otros son mucho más discretos dando las órdenes ya sea con gestos o palabras, lo que está perfectamente permitido por el reglamento. Son obligatorios los silbidos al principio del partido o de la media parte, al final del partido y en la ejecución de un penalti.

REGLA 6:
LOS ÁRBITROS ASISTENTES

Los antiguos jueces de línea se han convertido, con los años, en árbitros asistentes. No es un abuso del lenguaje, en la medida en que se ha convertido cada vez más en un arbitraje entre tres, permitiendo así al árbitro de campo *tener ojos en la espalda*. Los asistentes permanecen a pesar de todo bajo la autoridad del árbitro que tiene el poder discrecional de refutarlos.

El árbitro asistente tiene la misión de indicar:

— *si el balón ha traspasado en su totalidad los límites del terreno de juego;*
— *a qué equipo corresponde efectuar los saques de esquina, de meta o de banda;*
— los saques de esquina (señalando con el banderín la esquina correspondiente) o los saques de meta con el pie (brazo extendido con el banderín en posición horizontal);
— *cuándo se deberá sancionar a un jugador por estar en posición de fuera de juego;*
— *cuándo se solicita una sustitución;*
— *cuándo ocurre alguna falta u otro incidente fuera del campo visual del árbitro.*

El árbitro indicará a los árbitros asistentes:

— la hora oficial;
— la parte del campo de juego que cada árbitro asistente tomará a su cargo en los dos periodos del partido;
— sus deberes antes de iniciarse el partido, como, por ejemplo, el examen de los accesorios del juego (a menos que se encargue él mismo);
— cuál será, en caso de necesidad, el primer árbitro asistente;
— la posición que deben tomar sobre los córner;
— la señal precisando que ha entendido a su asistente pero que no desea tener en cuenta su indicación;
— cuál será, en caso de falta, la tarea del asistente y del árbitro (algunos árbitros encargan a sus asistentes vigilar las faltas de pie, mientras que ellos controlan las faltas de mano);
— el procedimiento general que se propone adoptar para la dirección del partido, ya se trate del sistema de control en diagonal, o bien cualquier otro método que se prefiera.

REGLA 6: LOS ÁRBITROS ASISTENTES

LOS BANDERINES

La Comisión Técnica de Arbitraje (CTA) exige que estén a disposición de los árbitros asistentes dos juegos de banderines (de 0,40 m x 0,50 m de superficie y un asta de 0,60 m y un diámetro de 2 cm), de color amarillo o rojo fluorescentes. De acuerdo con las nuevas disposiciones, el banderín rojo debe ser para el árbitro asistente susceptible de sustituir al director del juego en caso de desfallecimiento de este. Este árbitro asistente evolucionará durante todo el partido en el lado de las tribunas principales, mientras que su colega operará con el banderín amarillo del lado opuesto, y esto sin cambios de lado en la media parte.

Es conveniente recordar que existen banderines de banda que podrían calificarse de «interactivos», con señales acústicas que permiten indicar un incidente de juego al árbitro del centro.

Cuadro sinóptico del comportamiento del árbitro y del árbitro asistente (instrucciones oficiales)

Saque de salida

El árbitro debe:

— mantenerse a la izquierda del círculo central, y a 3 o 4 m detrás de la línea mediana;
— silbar cuando los jugadores están colocados;
— poner en funcionamiento el cronómetro cuando el balón esté en juego;
— vigilar que ningún jugador supere la línea mediana antes de que el balón esté en juego.

El árbitro asistente debe:

— situarse a la altura del penúltimo defensa;
— activar el cronómetro cuando el balón esté en juego, etc.

Con el balón en juego

El árbitro debe:

— estar cerca del balón, sin molestar a los jugadores y sin interceptarlo;
— dirigirse rápidamente hacia el balón cuando esté a más de 15 m;
— desplazarse siguiendo una diagonal muy alargada y ondulada;
— no permanecer en el círculo central;
— no discutir con los jugadores;
— no amenazarles con el dedo, ni tutearlos;
— indicar con la mano la ventaja y manifestar a los jugadores, si es preciso: «Jugad, ventaja»;
— quedar en comunicación visual permanente con los árbitros asistentes.

El árbitro asistente debe:

— mantenerse a la altura del penúltimo defensa;
— antes de realizar una señalización, asegurarse que el árbitro lo mira;

 **LECCIONES DE FÚTBOL: LA GUÍA DEL ARBITRAJE**

SEÑALES DEL ÁRBITRO ASISTENTE

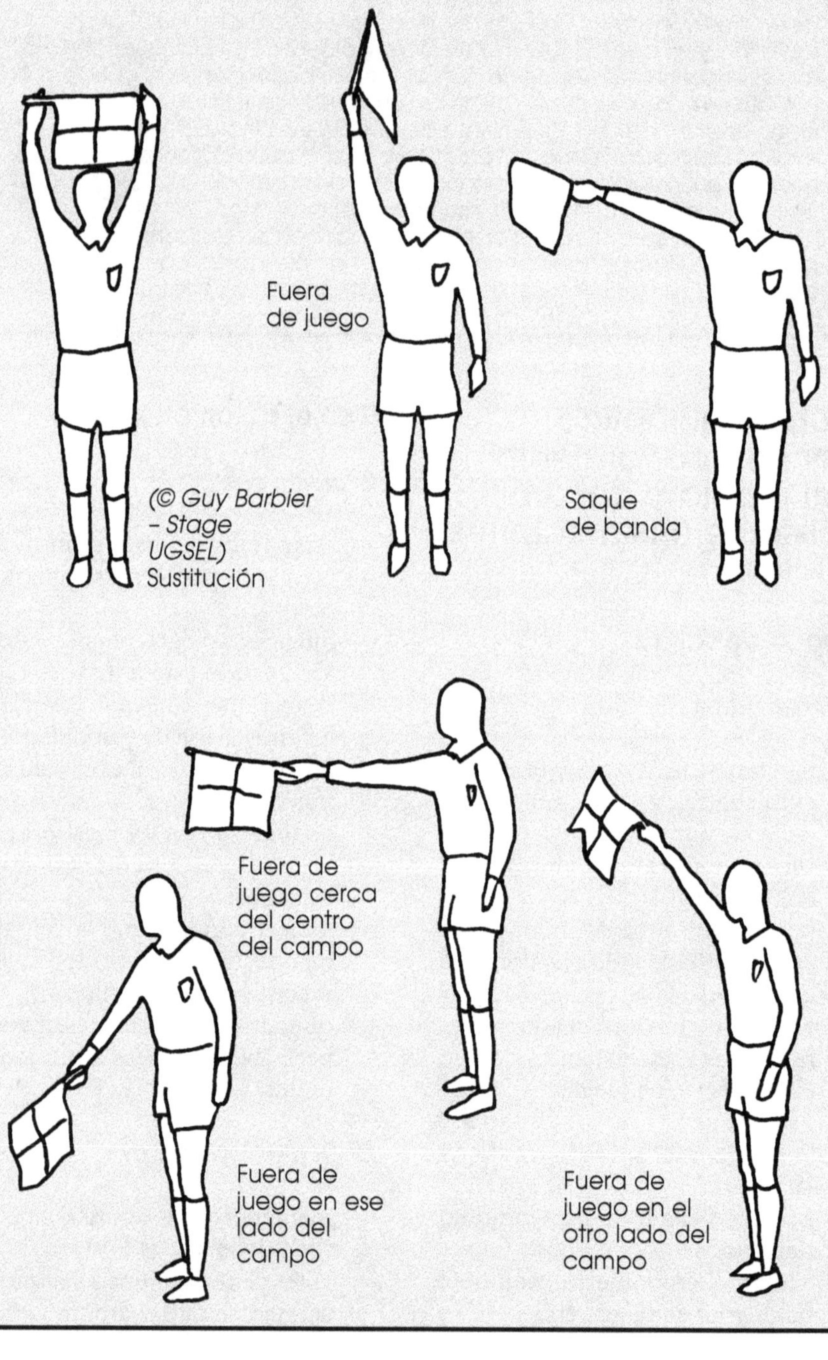

(© Guy Barbier – Stage UGSEL)
Sustitución

Fuera de juego

Saque de banda

Fuera de juego cerca del centro del campo

Fuera de juego en ese lado del campo

Fuera de juego en el otro lado del campo

REGLA 6: LOS ÁRBITROS ASISTENTES

> **¿PERO QUÉ HACE EL ÁRBITRO ASISTENTE?**
>
> El 6 de marzo de 1999, durante un partido de liga entre el PSG y el Montpellier, este último, que ganaba por 2 a 0, jugó durante unos 10 segundos con once jugadores a pesar de que uno de ellos (Bails) acababa de ser expulsado. Al mismo tiempo, el árbitro asistente dejó entrar a Mandouni que debía sustituir a otro jugador (Delaye). Enseguida, a los diez segundos, el Sr. Rémi Harrel constató su error e hizo salir de nuevo a Mandouni, lo cual no impidió que el PSG planteara una reclamación aun cuando Mandouni no había tomado parte en ninguna acción.
>
> No consideraremos el aspecto moral de esta reclamación que venía de un equipo que perdía por 2 a 0 cuando quedaban sólo siete minutos por jugar.
>
> En cambio, puede plantearse la pregunta sobre la atención del árbitro asistente que autorizó a Mandouni a entrar en el terreno de juego. Recordemos que un jugador no puede hacerlo sin que el árbitro dé su consentimiento. Afortunadamente, la reclamación del PSG no fue más allá.

— para señalar un fuera de juego, levantar de forma clara el banderín en vertical;
— bajar el banderín si el árbitro no atiende su aviso;
— cuando el árbitro detiene el juego indicar con el banderín a 130° para un jugador en posición irregular del otro lado; paralelo al terreno de juego para un jugador en posición irregular en el centro del campo; a 45° para un jugador en posición de fuera de juego próximo al árbitro asistente;
— señalar, sin insistir, cualquier falta cometida cerca de él y que el árbitro no hubiese visto.

Gol marcado

El árbitro debe:

— indicar el centro del terreno de juego si el gol es indiscutible y si no hay duda de su regularidad;
— silbar sólo si el balón entra y sale enseguida de la red;
— en caso de duda, no realizar ningún gesto hasta haber mirado al árbitro asistente;
— consultar al árbitro asistente en caso de desacuerdo con él o si un equipo insiste para que se reúna con él. La conversación debe tener lugar sin la presencia de otras personas.

El árbitro asistente debe:

— si el gol es legal, y si él mismo se encuentra del lado del campo del terreno de juego en la que el gol acaba de marcarse, mirar al árbitro, y luego regresar rápidamente a la línea mediana; cuando todos los jugadores están situados y sin esperar la señal de reanudación del juego, volver lentamente a la altura del penúltimo defensa, donde debe mantenerse el segundo asistente;

— si el gol es ilegal, debe permanecer inmóvil cerca del córner, con el banderín detrás de la espalda, y esperar la pregunta del árbitro;
— si el árbitro le da la espalda y muestra el centro del terreno de juego, debe regresar a la línea mediana.

Balón a tierra

El árbitro debe:

— dejar caer el balón rápidamente;
— no tirarlo ni enviarlo al aire;
— no silbar;
— estando cerca de una portería, darle la espalda.

El árbitro asistente debe:

— mantenerse a la altura del penúltimo defensa.

Salida y saque de banda

El árbitro debe:

— situarse a la altura del saque de banda, salvo si se produce en el campo B en beneficio de la defensa B del lado del árbitro asistente, en cuyo caso se colocará delante de la acción;
— abandonar momentáneamente la diagonal si es necesario;
— vigilar la colocación del jugador y la manera de lanzar.

El árbitro asistente debe:

— para señalar el saque de banda, cuando el balón sale netamente, indicar el campo del jugador que ha cometido la falta poniendo el banderín en horizontal;
— acudir, si es preciso, a indicar el punto de salida, pero sin descuidar el fuera de juego, volviendo lo más rápidamente posible a la altura del penúltimo defensa aunque como veremos más tarde, esta falta no está sancionada con un saque de banda;
— vigilar los pies del jugador y levantar el banderín si se produce falta.

Salida y saque de meta

El árbitro debe:

— mostrar con la mano el área de meta donde debe colocarse el balón;
— situarse cerca del punto de caída probable del balón, si es posible andando hacia atrás, de forma que no le quite los ojos de encima;
— indicar con la mano la señal de reanudación del juego;
— vigilar que los adversarios estén fuera del área de penalti y que el guardameta no franquee sus límites con el balón en las manos.

El árbitro asistente debe:

— cuando el balón haya salido de los 6 m, tender el brazo paralelamente a la línea de meta y apuntar el banderín en dirección al área de meta;
— situarse a la altura del límite del área de penalti;

REGLA 6: LOS ÁRBITROS ASISTENTES

— señalar al árbitro cualquier salida del área de penalti que realice el guardameta con el balón en las manos;
— una vez que el balón haya salido el área de penalti, regresar a la altura del penúltimo defensa.

Salida y saque de esquina

El árbitro debe:

— mantenerse a lo largo de la diagonal imaginaria que parte de la intersección de la línea de meta y de la línea perpendicular a esta última y que delimita el área de meta y pasa por un punto situado en medio de la línea perpendicular a la línea de gol, delimitando de este modo el área de penalti:

   a) cuando el saque de esquina sea sacado de su lado y para no molestar la evolución de los jugadores, debe encontrarse en la parte superior a esta línea imaginaria, vigilar la colocación del balón y la posición de los jugadores (9,15 m), y puede dar la señal del saque con la mano;
   b) cuando el saque de esquina se saca del otro lado, debe acercarse a la línea de meta y dar la señal del saque silbando, ya que la señal con la mano puede no ser vista por el jugador que saca el córner;

— en todos los casos, debe vigilar las acciones antirreglamentarias que puedan ser cometidas en el área de penalti.

El árbitro asistente debe:

— cuando el balón ha salido a córner, estirar el brazo paralelamente a la línea de banda y apuntar el banderín en dirección al poste de la esquina;
— en todos los casos, aunque el córner se saque de un lado u otro, debe mantenerse cerca del poste de la esquina. Puede situarse no obstante a 9,15 m del balón cuando los adversarios no respetan la distancia reglamentaria, para vigilar sus movimientos (cuando el terreno no está marcado):

   a) cuando el córner es sacado de su lado, la colocación del balón y la posición de los defensas (9,15 m);
   b) en todos los casos, si el balón, una vez puesto en juego, franquea la línea de meta, o si se han producido incidentes que no habrían sido notados por el árbitro;

— asegurarse de que el balón está completamente en el cuarto del círculo;
— levantar el banderín si el balón está mal colocado o si no está quieto;
— si el balón vuelve a salir a córner, apuntar de nuevo con el banderín en dirección a la base del banderín del córner;
— de la manera más rápida posible, recuperar su lugar a la altura del penúltimo defensa y, en caso de que fuese necesario, inmediatamente después de que se haya sacado el córner.

LECCIONES DE FÚTBOL: LA GUÍA DEL ARBITRAJE

Penalti

El árbitro debe:

— colocarse en el interior del área de penalti sobre la diagonal y, aproximadamente, entre el punto de penalti y el área de meta;
— dar la señal del saque con el silbato cuando los jugadores estén colocados: el guardameta en la línea entre los postes, el jugador que lance debe estar claramente identificado y todos los demás jugadores en el terreno de juego fuera del área de penalti y a 9,15 m del balón, detrás de este.

El árbitro asistente debe:

— colocarse en la intersección de la línea de meta y de la línea de demarcación del área de penalti;
— vigilar las porterías.

Tiro libre

El árbitro debe:

— no desplazarse para indicar el punto preciso desde donde debe sacarse el tiro libre;
— cuando el balón se detiene, dar, la señal del saque;
— no retrasar la ejecución para colocarse o si los contrarios tardan en ponerse a la distancia reglamentaria;
— amonestar imperativamente, y en caso de reincidencia, proceder a la expulsión del jugador que retrasa voluntariamente la ejecución del tiro libre, ya sea permaneciendo cerca del balón o reenviando el balón lejos;
— levantar el brazo para indicar que el tiro libre es indirecto;
— mirar siempre el balón, ya que este puede ser jugado sin detenerse; el jugador puede intentar ganar algunos metros, y la señal del saque puede darse con el balón en juego;
— si es preciso, hacer que los contrarios se coloquen a la distancia reglamentaria evaluando esta distancia (no se recomienda contar un cierto número de pasos);
— para los golpes francos cerca de la portería, colocarse siguiendo el acuerdo tomado antes del partido con los árbitros asistentes, ya sea a la altura de la barrera, ya sea delante de esta;
— en los golpes francos concedidos al equipo defensor en el área de penalti, comprobar que los contrarios estén fuera de esta área, y a 9,15 m del balón;
— vigilar que el jugador no dé directamente el balón a su guardameta.

El árbitro asistente debe:

— colocarse a la altura del penúltimo defensa;
— para los golpes francos cerca de una portería, colocarse según lo convenido con el árbitro:

   a) a la altura del penúltimo defensa si el árbitro se mantiene a la altura de la barrera;
   b) a la altura de la barrera si el árbitro se mantiene delante de esta.

REGLA 6: LOS ÁRBITROS ASISTENTES

Medio tiempo y final del partido

El árbitro debe:

— antes de silbar la detención del juego, consultar con la mirada al árbitro asistente.

El árbitro asistente debe:

— indicar el tiempo que queda por jugar;
— cuando silbe, reunirse rápidamente con el árbitro y marcharse al vestuario junto a él.

Para una mejor colaboración entre el árbitro y el asistente

Los árbitros asistentes, al igual que los otros, deben llegar al estadio al menos una hora antes del saque de centro (ligas).

Los árbitros asistentes deben aceptar las consignas del árbitro, suscitarlas incluso si es preciso, de forma que se evite cualquier malentendido posterior.

Todas las señalizaciones de los árbitros asistentes deben realizarse con la mano derecha.

Saque de banda

Cuando el balón ha salido completamente por la línea de banda: indicar el campo que ha cometido el fuera con el banderín tendido al final del brazo, empuñándolo con la mano derecha o la mano izquierda según el lado, mantenerlo algunos instantes a la horizontal para que se disipe cualquier duda. Cualquier otro gesto es superfluo y corre el riesgo de generar confusión.

Saque de meta

Cuando el balón ha atravesado completamente la línea de meta: colocar el banderín en horizontal en la dirección de la portería concernida, con el brazo extendido.

Fuera de juego

Cuando un jugador está en posición de fuera de juego sancionable, el árbitro asistente deberá;

$1.^{er}$ *tiempo:* levantar el banderín verticalmente (muy arriba) con la mano derecha.
$2.º$ *tiempo:* indicar la posición del jugador que ha cometido la falta en cuanto el árbitro haya detenido el juego. Para realizar este gesto, bajará el brazo derecho e indicará el lugar donde se encontraba el jugador en fuera de juego, ya sea cerca del árbitro asistente, en medio del terreno de juego, o bien en el otro lado del terreno de juego, dando la inclinación requerida al banderín.

Durante el juego

Desde el momento del saque, el árbitro asistente debe situarse a la altura del penúltimo defensa. Debe mantenerse allí constantemente. Si este penúltimo defensa es superado por uno o varios contrarios, el árbi-

LECCIONES DE FÚTBOL: LA GUÍA DEL ARBITRAJE

SOBRE LOS BANDERINES CON SEÑALES ACÚSTICAS DEL ASISTENTE

Recientemente hemos podido ver en el mercado accesorios de los banderines del asistente que incorporan un emisor que permite comunicarse con el árbitro del centro. Este sistema está homologado para todas las competiciones y exige una gran complicidad entre el árbitro y sus asistentes. Este sistema astuto y poco oneroso será, a nuestro parecer, sustituido a corto plazo por una radio de contacto entre los árbitros en forma de auricular.

---

tro asistente no debe estar más avanzado que el atacante que lleve la pelota.

Faltas cometidas en el terreno de juego

Las faltas en el terreno de juego son potestad del árbitro, salvo si por una razón cualquiera este se encontrara alejado de la acción del juego. La intervención del árbitro asistente por una falta cometida en el terreno de juego debe ser una excepción y sólo puede hacer referencia a las faltas en las que el árbitro no puede ver lo sucedido.

Gestos

La utilización correcta del banderín basta para indicar claramente una decisión, particularmente para indicar al jugador defensa el lugar desde donde debe lanzar el saque de banda. El árbitro asistente no tiene necesidad de otras señales.

No debe indicar que el balón está colocado en un córner y que este puede lanzarse, ni señalar que el juego puede continuar o que un gol es válido, la ausencia de gesto en esas ocasiones debe quedar suficientemente explícita.

Colocación del árbitro asistente

En el córner: en todos los casos, que el saque sea lanzado por uno u otro lado, el árbitro asistente debe mantenerse cerca del poste del córner, salvo excepción (véase pág. 48).

¿Quién comete la falta?
(Fisec/Bourg-en-Bresse, 1994;
© Bruno Grelon)

REGLA 6: LOS ÁRBITROS ASISTENTES

En el penalti: el árbitro asistente estará en la intersección de la línea del área de penalti y de la línea de meta.

En caso de tiro libre: la posición del árbitro asistente varía según si la barrera se sitúa del lado derecho o izquierdo:

— lado izquierdo-medio: el árbitro asistente deberá colocarse siempre a la altura del poste de la esquina y tendrá que actuar como juez de meta;
— lado derecho: el árbitro asistente se ocupará de vigilar los casos de fuera de juego.

CONCLUSIÓN

El papel del árbitro asistente es importante, y los designados para llevarlo a cabo deben esforzarse para secundar la imagen de su colega, el director del partido, con aplicación y no como simples espectadores interesados en las distintas fases del juego.

De esta estrecha y sana colaboración nacerá el perfecto entendimiento que es la señal de la buena camaradería entre todos los árbitros y que debe siempre manifestarse sin distinción del lugar ni de la jerarquía que ocupen cada uno de ellos.

Cumpliendo con conciencia su papel de asistente, un árbitro se instruye siempre, perfecciona su forma y se encuentra así mejor preparado para convertirse en director de juego.

Finalmente, los árbitros asistentes deben comprender que la autoridad del árbitro es suprema y aceptar su decisión sin discusión, incluso cuando se encuentren en desacuerdo con él. Los informes que realicen con el árbitro deben desarrollarse bajo el signo de la cooperación leal: deberán evitar cualquier injerencia y cualquier oposición injustificadas y sobre todo no realizar señales inútiles con su banderín, lo que podría crear confusiones lamentables.

Y LA LUCHA TERMINÓ POR FALTA DE LUCHADORES

El último fin de semana de octubre de 1998, dos encuentros de alto nivel fueron suspendidos por los árbitros tras cuatro expulsiones a las que habían procedido en uno de los dos equipos. Primero fue suspendido en el minuto 89 el encuentro de la segunda división francesa Beauvais-Guingamp (0-2) por el árbitro Sr. Bonnichon, tras expulsar a cuatro jugadores del club del Oise: Haggard (min 62), Vandevoorde (min 64), Marolany (min 73) y Poitrinal (min 88). Este acontecimiento constituía una primera vez en la historia del fútbol profesional desde su instauración en la temporada 1932-1933. La regla, en ciertos casos, como los partidos de categorías inferiores, permite que un partido sea automáticamente suspendido si uno de los equipos no cuenta con siete jugadores en el terreno de juego, algo inadmisible en los encuentros de primera y segunda división. Esta norma debe ser aceptada por todas las federaciones de fútbol del mundo. Afortunadamente, estos casos suelen ser excepcionales.

REGLA 7: LA DURACIÓN DEL PARTIDO

Periodos de juego

El partido se compone de dos periodos de 45 minutos cada uno, a menos que otra duración haya sido convenida de común acuerdo entre el árbitro y los dos equipos participantes. Todo acuerdo que conlleve una modificación de la duración del partido [...] debe hacerse antes del saque de centro y estar conforme con el reglamento.

Medio tiempo

Los jugadores tienen derecho a un descanso entre los dos tiempos. El descanso del medio tiempo no puede exceder los 15 minutos. Los reglamentos de las competiciones deben definir claramente la duración del descanso del medio tiempo entre las dos partes. La duración del descanso entre las dos partes solamente puede ser modificada con el consentimiento del árbitro.

Recuperación del tiempo perdido

Cada parte debe prolongarse para recuperar todo el tiempo perdido ocasionado por:

— las sustituciones;
— el examen de las lesiones de los jugadores;
— el transporte de los jugadores lesionados fuera del terreno de juego;
— las maniobras intentando perder tiempo deliberadamente;
— cualquier otra causa;
— la duración de la recuperación de las detenciones del juego se deja a discreción del árbitro.

El penalti

Si un penalti debe ejecutarse o lanzarse de nuevo, la duración de cada parte debe ser prolongada para permitir su ejecución.

Prórrogas

El reglamento de las competiciones puede prever jugar una prórroga de dos partes iguales. Es el caso de los partidos de copa, cuando es obligatoriamente necesario que haya un vencedor. Si un partido de copa termina con un resultado de empate tras 90 minutos de juego, el árbitro concederá un descanso de 5 minutos; luego se jugará una prórroga de

REGLA 7: LA DURACIÓN DEL PARTIDO

Sesión de disparos a puerta. Se percibe al conjunto de jugadores que no participan en la acción agrupados en el círculo central. (Fisec/Bourg-en-Bresse, 1994; © Bruno Grelon)

30 minutos dividida en dos partes de 15 minutos cada una. Antes del inicio de estas prórrogas, se procederá a un nuevo sorteo para el campo.

En la media parte de esta prórroga, los equipos cambiarán de lado sin un descanso. En caso de empate, se procederá a la prueba de los lanzamientos de penaltis.

DURACIÓN DEL PARTIDO EN FUNCIÓN DE LA CATEGORÍA DE LOS JUGADORES	
Masculinos	
Séniors y veteranos (mayores de 18 años)	2 x 45 minutos
Juveniles (de 16 a 18 años)	2 x 45 minutos
Cadetes (de 14 y 15 años)	2 x 40 minutos
Infantiles (de 12 y 13 años)	2 x 35 minutos
Alevines (de 10 y 11 años)	2 x 30 minutos
Benjamines (de 8 y 9 años)	2 x 25 minutos
Todos los partidos tienen un descanso de 5 minutos como mínimo y de 15 minutos como máximo.	

LECCIONES DE FÚTBOL: LA GUÍA DEL ARBITRAJE

DURACIÓN DEL PARTIDO EN FUNCIÓN DE LA CATEGORÍA DE LAS JUGADORES	
Femeninos	
Séniors y veteranos (mayores de 18 años)	2 x 45 minutos
Juveniles (de 16 a 18 años)	2 x 45 minutos
Cadetes (de 14 y 15 años)	2 x 40 minutos
Infantiles (de 12 y 13 años)	2 x 35 minutos
Alevines (de 10 y 11 años)	2 x 30 minutos
Benjamines (de 8 y 9 años)	2 x 25 minutos
Todos los partidos tienen un descanso de 5 minutos como mínimo y de los 15 minutos como máximo.	

Suspensión del partido

Un partido que se detiene definitivamente antes de su término debe volverse a jugar, salvo disposición contraria estipulada en el reglamento de la competición.

LA FUNCIÓN DEL CUARTO ÁRBITRO
El cuarto árbitro ha visto ampliarse sus funciones durante los partidos internacionales. Él decide, de acuerdo con el árbitro, el tiempo real de la media parte que presenta en una pizarra al público.

REGLA 8: EL INICIO Y LA REANUDACIÓN DEL JUEGO

Preliminares

Se lanzará una moneda y el equipo que gane el sorteo decidirá la dirección en la que atacará durante el primer tiempo del partido.

El otro equipo se dispondrá a efectuar el saque de salida para iniciar el partido.

El equipo que ganó el sorteo ejecutará el saque de salida para iniciar el segundo tiempo.

En el segundo tiempo del partido, los equipos cambiarán de mitad de campo y atacarán en la dirección opuesta.

El saque de salida

El saque de salida es un procedimiento para iniciar el partido o reanudar el juego:

— *al principio del partido;*
— *después de marcarse un gol;*
— *al principio de la segunda parte del partido;*
— *al principio de cada periodo de las prórrogas, si procede.*

Es posible marcar un gol directamente desde el saque de salida.

El procedimiento del saque de salida

Todos los jugadores se encuentran en el medio campo que les corresponde.

Los jugadores del equipo que no proceda al saque de salida deberán mantenerse al menos a una distancia de 9,15 m del balón mientras no esté en juego.

El balón se coloca en el punto del círculo del centro del campo y se realiza el saque después de que el árbitro haya dado la señal.

Se considera que el balón está en juego desde que haya sido sacado hacia delante.

El ejecutor del saque no puede jugar el balón una segunda vez antes de que este haya sido tocado por un compañero de su equipo.

Cuando un equipo ha marcado un gol, el equipo contrario procede al nuevo saque de centro.

Las contravenciones y las sanciones

Si el ejecutor del saque de centro juega el balón una segunda vez antes de que este haya sido tocado por un jugador de su mismo equipo, el árbitro deberá conceder un tiro libre indirecto al equipo contrario, que deberá sacarse en el lugar preciso donde se ha cometido la falta.

Para cualquier otra contravención en el procedimiento del saque de salida, el árbitro ordenará la repetición del saque de salida.

La reanudación del juego por «balón a tierra»

El balón a tierra es una forma para reanudar el juego después de una interrupción temporal necesaria, cuando el balón está en juego, a causa de cualquier incidente no indicado en las reglas del juego.

Procedimiento

El árbitro dejará caer el balón en el lugar en donde se hallaba cuando fue interrumpido el juego. El juego se considerará reanudado cuando el balón toque el suelo.

Infracciones y sanciones

Se dejará caer el balón de nuevo:

— si es jugado por un jugador antes de tocar el suelo;
— si el balón sale del terreno de juego después de tocar el suelo, sin haber sido tocado por un jugador.

Circunstancias especiales

Un tiro libre concedido al equipo defensor en su área de meta podrá

Es muy difícil para un árbitro mantener su colocación ante quiebros como los de Ronaldo o jugadores técnicos como Youri Djorkaev (en la fotografía). Son desconcertantes para los defensas. ¡Y también para los árbitros! (DR)

ser lanzado desde cualquier parte de dicha área.

Un tiro libre indirecto concedido al equipo atacante en el área de meta adversaria será lanzado desde la línea del área de meta paralela a la línea de meta, en el punto más cercano al lugar donde ocurrió la contravención.

Un balón a tierra para reanudar el partido, después de que el juego haya sido interrumpido temporalmente dentro del área de meta, será ejecutado en la línea del área de meta paralela a la línea de meta, en el punto más cercano al lugar donde se encontraba el balón cuando se detuvo el juego.

REGLA 9: BALÓN EN JUEGO Y FUERA DE JUEGO

Balón fuera de juego

El balón está fuera de juego cuando:

— *ha franqueado completamente la línea de meta o la línea de banda, ya sea por tierra o por aire;*
— *el juego ha sido detenido por el árbitro.*

Balón en juego

El balón está en juego en todas las demás situaciones, incluso cuando:

— *rebota en el terreno de juego tras tocar un palo de la portería, el larguero o un banderín del córner;*
— *rebota en el terreno de juego tras tocar al árbitro o un árbitro asistente cuando se encuentran en el terreno de juego.*

El árbitro y los árbitros asistentes son personas físicas que forman parte del juego y que no deben ser consideradas elementos extraños. Es por esta razón que, si un balón sale de los límites del terreno de juego después de tocar a uno de estos,

El atacante ha superado al penúltimo defensa. (Fisec/Bourg-en-Bresse, 1994; © Bruno Grelon)

LECCIONES DE FÚTBOL: LA GUÍA DEL ARBITRAJE

el juego debe reanudarse con normalidad.

El juego continúa mientras el balón permanece en el área de juego, incluso en las líneas de banda o las líneas de meta (forman parte del área que delimitan), incluso si existe contravención no sancionada por el árbitro.

¿El balón ha atravesado o no completamente la línea blanca? Es la pregunta que se plantean muy a menudo los comentaristas con el apoyo, ciertamente, de imágenes de vídeo al ralentí. No obstante, este procedimiento tiene unos límites teniendo en cuenta el ángulo y la colocación de la cámara.

VISIÓN PREMONITORIA

En la revista *L'auto* del viernes 10 de enero de 1903, el director y redactor jefe, Henri Desgrange escribía lo siguiente: «Los progresos del fútbol no suelen darse de manera continua, por lo que es difícil basarse en el éxito de una temporada para asegurar el éxito de la siguiente.

»Recuerdo que hace dos años todo el mundo creyó que la victoria del fútbol sobre el público se había ganado definitivamente tras los éxitos de toda la temporada 1900-1901; no fue así, ya que en la temporada siguiente fue particularmente deslucida, y desaparecieron las grandes concentraciones que habíamos conocido.

»Hoy se anuncia que la temporada 1902-1903 será la más bella de todas las precedentes, y el avance hacia delante no se ha producido sólo en París, sino también en las demás poblaciones, ya que la misma semana en que se han registrado en París los ingresos más importantes que se hayan logrado en un partido de fútbol, también ha sucedido en Burdeos, ocho días más tarde, con unos ingresos de los que nuestros amigos del sur todavía no se han recuperado.

»Eso son buenos resultados, ya que en deporte, como en cualquier otra actividad, todo se mantiene y los buenos resultados aumentan el deseo de alcanzar más tarde resultados aún mejores. Todo el mundo parece animado a hacerlo mejor, y, cuanto más se haga, más el público se apasionará por el juego más bello de los juegos.

»Quién sabe. Si el éxito ayuda y los ingresos aumentan, quizá nuestras sociedades deportivas encuentren en los partidos de fútbol los recursos necesarios para el alquiler de los terrenos o la compra de emplazamientos definitivos que sean de su propiedad. Hoy en día, tres o cuatro sociedades en el mundo han podido realizar ese milagro de tener casa propia. Es preciso hacer más: todas las que viven y son activas deberían tener un terreno de juego con sólo los ingresos que se logran en los partidos.

«¡No hay que ser gran profeta para estar convencido de que en un momento dado el fútbol será una mina preciosa de la que nuestras sociedades sacarán su riqueza!»

¡De hecho, en 1903, Henry Desgrange había previsto la cotización en la Bolsa de los clubes de fútbol!

REGLA 10: GOL MARCADO

El principio

Un gol se considera marcado cuando el balón ha franqueado completamente la línea de meta, entre los postes de la portería y bajo el travesaño, siempre y cuando ninguna contravención a las reglas del juego haya sido cometida previamente por el equipo a favor del que se haya marcado el gol.

Este principio es fundamental en el fútbol: para que el gol sea marcado, es preciso que el balón atraviese completamente la línea de meta. En este punto interviene de nuevo el problema del arbitraje en vídeo. Se puede, por ejemplo, ver al guardameta interceptar un balón, el cuerpo en la portería y los brazos bien estirados hacia el exterior, para dejar claro que el balón no ha atravesado la línea.

El equipo ganador

Gana el partido el equipo que haya marcado el mayor número de goles durante el mismo. Cuando los dos equipos marquen el mismo número de goles o no marquen ningún gol, este partido será declarado empatado. Para los partidos que acaben con un marcador empatado, los reglamentos de las competiciones pueden prever disposiciones relativas a las prórrogas o a otros procedimientos aceptados por la International F. A. Board permitiendo determinar al vencedor del partido.

LA MANO DE DIOS

El gol no se acepta si el balón ha sido lanzado, acompañado o golpeado intencionadamente con el brazo o la mano por un jugador del equipo atacante, salvo si es el guardameta, en el interior de su propia área de penalti.

Uno de los ejemplos más célebres en materia de *trampas* en fútbol es ciertamente el gol marcado por Maradona durante el campeonato mundial de 1986 frente a Inglaterra. Hoy en día, un acto tan antideportivo del argentino hubiera sido sancionado con tarjeta roja. En ese partido, Maradona se recuperó marcando un segundo gol histórico que casi compensó su falta precedente.

 **LECCIONES DE FÚTBOL: LA GUÍA DEL ARBITRAJE**

Lo que hace popular al fútbol y que convierte a este deporte en universal, es la simplicidad de esas reglas. En efecto, el equipo que gana es el que marca más goles, no existe la noción de puntos.

El defensa corta la trayectoria del atacante, está en posición para detener el ataque. (Fisec/Bourg-en-Bresse, 1994; © Bruno Grelon)

EL POLÉMICO GOL DEL MINUTO 100

Durante la final de el campeonato mundial de 1966, ganada por Inglaterra contra la RFA, el gol del minuto 100 marcado por Inglaterra y decisivo para la victoria, hizo correr mucha tinta.

Jacques Ferran, entonces periodista en *L'Équipe*, era muy escéptico. Sobre los espectadores: «... la mayoría están más o menos convencidos de que el balón no pudo penetrar completamente en el interior de la portería (como exige el reglamento) y volver al juego». En cuanto a la grabación televisiva, a la que ya se había apelado en su ayuda, sigue siendo muy prudente: «Parece ser que el balón toca el suelo en la línea de meta o un poco más adelante. Pero sería precisa una imagen ralentizada y mucho más nítida». Pero lo más sorprendente es la declaración del árbitro, Sr. Dienst: «Estaba bastante lejos de la portería, a 20 m aproximadamente. Me pareció que el balón franqueaba la línea, pero dudaba. No hubiera concedido el gol ni no hubiera visto a mi juez de línea de la derecha, el ruso Tofki Bakramov, iniciar un paso hacia el centro del terreno de juego. Le consulté y me dio la razón. Me mostró, con sus dos manos, que el balón había rebotado en el suelo a 20 cm detrás de la línea de meta. No podía dudar. Y me han dicho que la televisión ha confirmado mi decisión.»

Puede pensarse lo que se quiera de esta decisión arbitral, pero era ciertamente la primera vez que se hablaba de la imagen de la televisión para confirmar la decisión de un árbitro.

REGLA 11: EL FUERA DE JUEGO

EVOLUCIÓN DE LA REGLA DEL FUERA DE JUEGO

1866: nacimiento de la regla del fuera de juego *(off-side)*.
Debe haber tres jugadores entre el primer atacante y la línea de meta contraria en el momento en que se juega el balón.

1925: primera modificación.
Serán precisos en adelante dos jugadores entre el primer atacante y la línea de gol contraria para no estar en fuera de juego.

1990: segunda modificación.
El jugador atacante colocado en la misma línea que el penúltimo defensa en el momento en el que el balón se juega ya no está en fuera de juego.

Las posiciones de fuera de juego

Estar en posición de fuera de juego no es una contravención en sí.

Un jugador se encuentra en posición de fuera de juego cuando:

— *se encuentra más cerca de la línea de meta contraria que el balón y el penúltimo adversario.*

Un jugador no lo estará:

— *está en su propia mitad de campo;*
— *está a la misma altura que el penúltimo adversario;*
— *está a la misma altura que los dos últimos adversarios.*

Las contravenciones

Un jugador en fuera de juego será sancionado si el balón toca o es jugado por uno de sus compañeros, se encuentra, a juicio del árbitro, implicado en el juego activo:

— *interfiriendo en el juego;*
— *interfiriendo a un adversario;*
— *sacando ventaja de dicha posición.*

No existirá falta de fuera de juego si el jugador recibe el balón directamente de:

— *un saque de meta;*
— *un saque de banda;*
— *un saque de esquina.*

LECCIONES DE FÚTBOL: LA GUÍA DEL ARBITRAJE

A menudo los creadores geniales (aquí Zinedine Zidane) son los que sufren más contactos violentos. (DR)

Las sanciones

Para cualquier contravención a la regla del fuera de juego, el árbitro concede al equipo contrario un tiro libre indirecto, que debe ejecutarse en el lugar donde se ha cometido la falta.

¿Cuándo debe levantarse el banderín? Distintos casos ilustrados de un fuera de juego

Se ilustran 24 casos diferentes de fuera de juego como anexos del documento sobre las reglas del juego, editadas por la International F. A. Board en febrero de 1998. Existen muchos más. El lector encontrará más abajo 36 casos que le permitirán entender mejor la dificultad del arbitraje y relativizar su visión tanto como espectador en el estadio (error de paralaje) como de telespectador.

LA NOCIÓN DEL FUERA DE JUEGO

La noción del fuera de juego en el fútbol moderno es la más discutida y protestada, tanto por los jugadores como por los espectadores, quienes muy a menudo desconocen las reglas. Por ello, hemos creído conveniente detenernos unos instantes en la famosa noción del «fuera de juego posicional», que se produce cuando un atacante envía el balón a un compañero que no está en fuera de juego, sin darse cuenta de que otro se encuentra más allá del penúltimo defensa.

El árbitro asistente debe levantar el banderín si ese atacante puede mezclarse en el juego y aprovechar la posición de fuera de juego para ir hacia la portería.

En cambio, no lo hará si ese jugador no participa en el ataque.

Sería muy importante que todos los aficionados y los periodistas deportivos tuvieran bien clara esta noción antes de criticar la decisión del árbitro. Pero sería igualmente interesante que los árbitros asistentes aplicaran esta regla y no levantaran sistemáticamente su banderín en un fuera de juego posicional que no aporta nada al desarrollo del juego.

REGLA 11: EL FUERA DE JUEGO

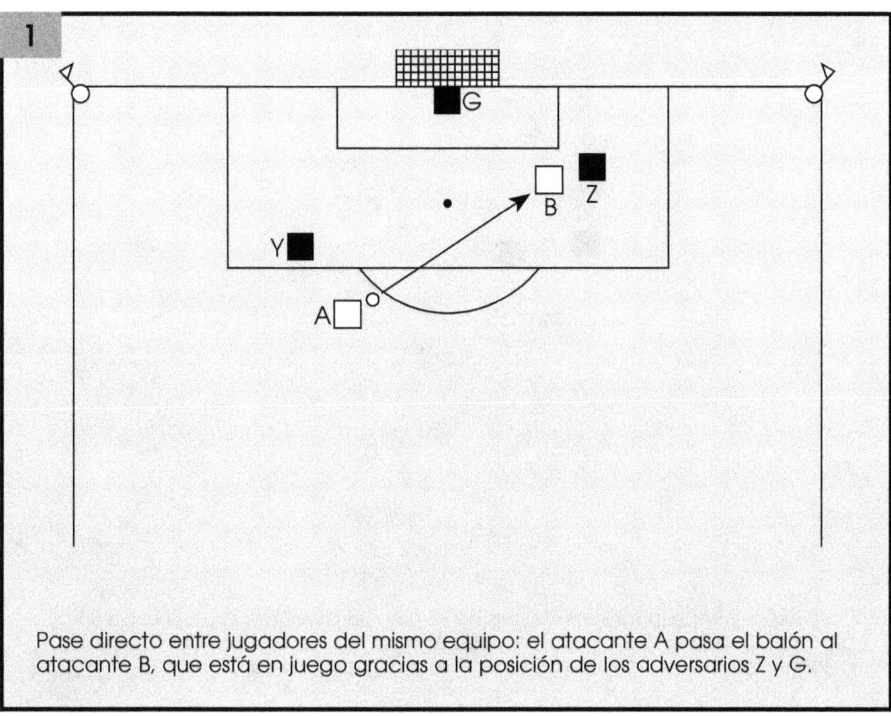

Pase directo entre jugadores del mismo equipo: el atacante A pasa el balón al atacante B, que está en juego gracias a la posición de los adversarios Z y G.

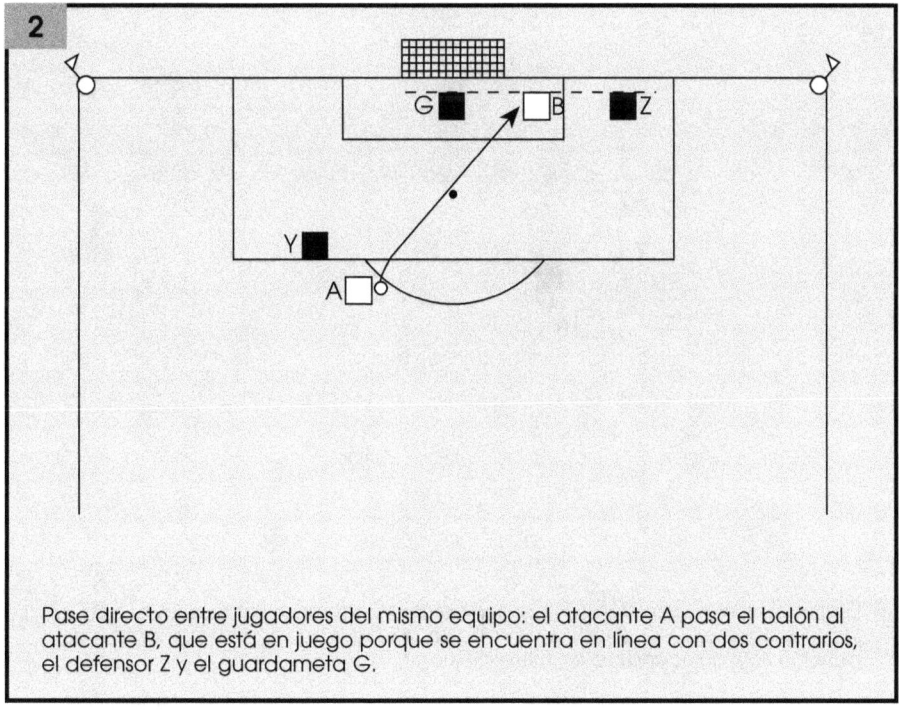

Pase directo entre jugadores del mismo equipo: el atacante A pasa el balón al atacante B, que está en juego porque se encuentra en línea con dos contrarios, el defensor Z y el guardameta G.

# LECCIONES DE FÚTBOL: LA GUÍA DEL ARBITRAJE

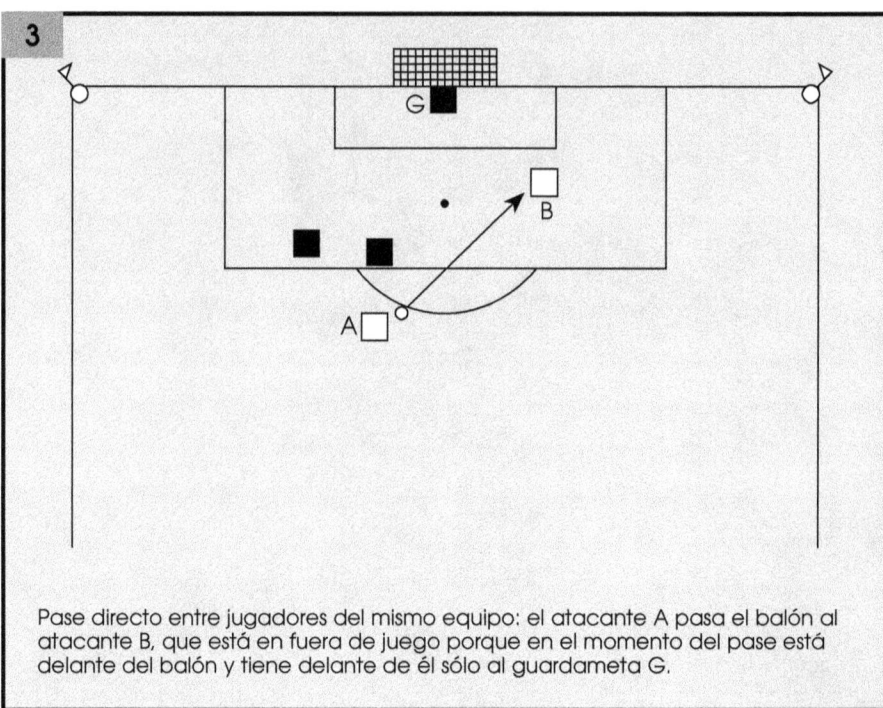

Pase directo entre jugadores del mismo equipo: el atacante A pasa el balón al atacante B, que está en fuera de juego porque en el momento del pase está delante del balón y tiene delante de él sólo al guardameta G.

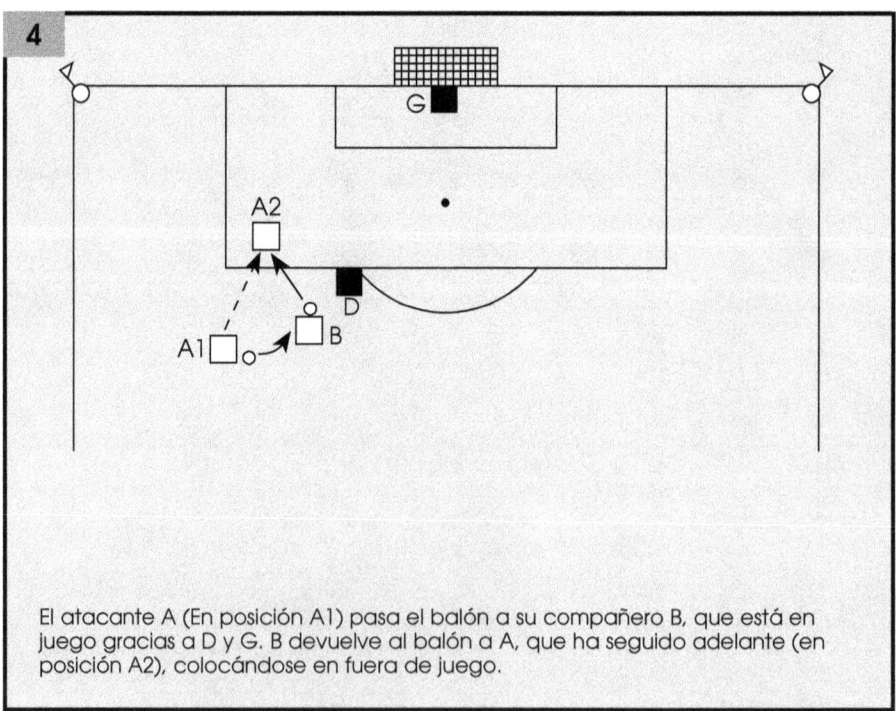

El atacante A (En posición A1) pasa el balón a su compañero B, que está en juego gracias a D y G. B devuelve al balón a A, que ha seguido adelante (en posición A2), colocándose en fuera de juego.

REGLA 11: EL FUERA DE JUEGO

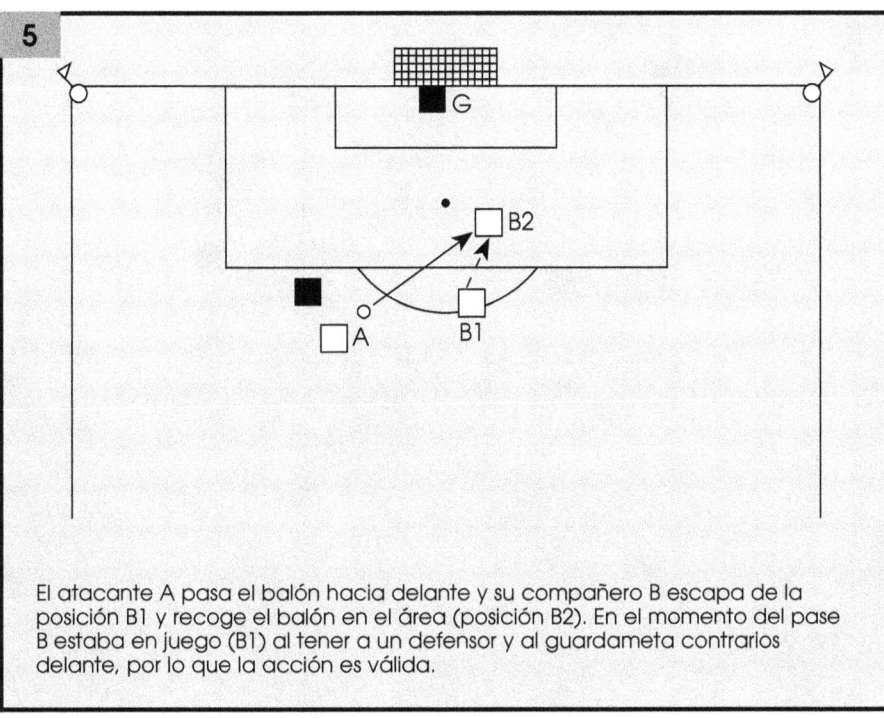

El atacante A pasa el balón hacia delante y su compañero B escapa de la posición B1 y recoge el balón en el área (posición B2). En el momento del pase B estaba en juego (B1) al tener a un defensor y al guardameta contrarios delante, por lo que la acción es válida.

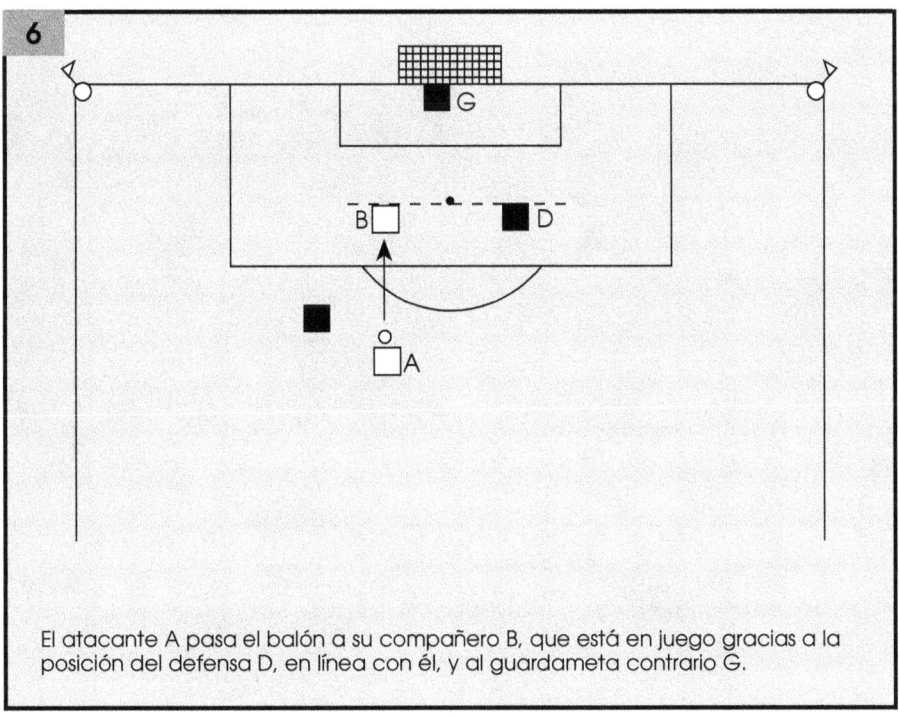

El atacante A pasa el balón a su compañero B, que está en juego gracias a la posición del defensa D, en línea con él, y al guardameta contrario G.

LECCIONES DE FÚTBOL: LA GUÍA DEL ARBITRAJE

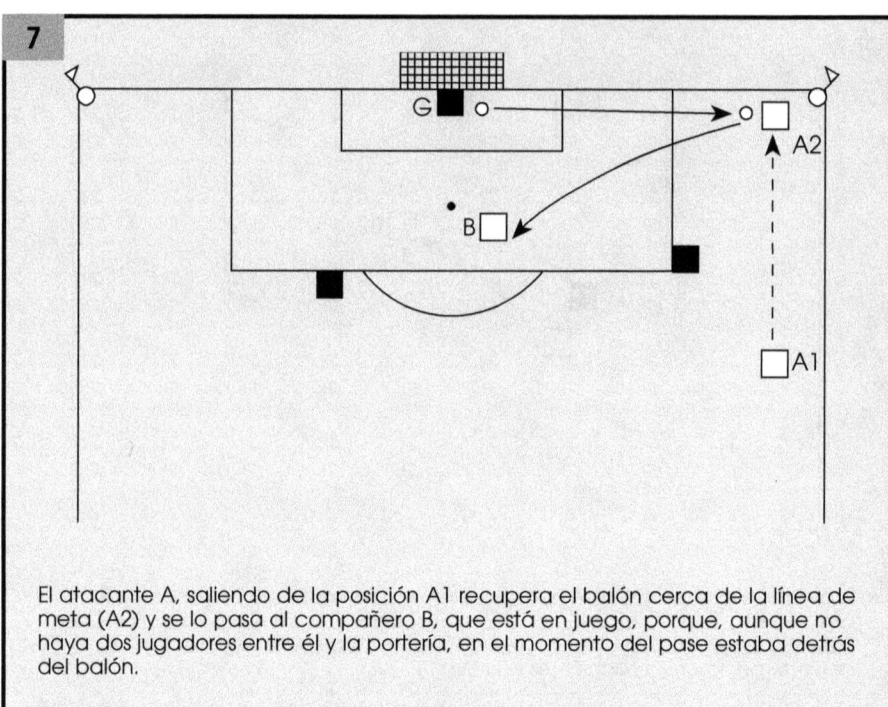

El atacante A, saliendo de la posición A1 recupera el balón cerca de la línea de meta (A2) y se lo pasa al compañero B, que está en juego, porque, aunque no haya dos jugadores entre él y la portería, en el momento del pase estaba detrás del balón.

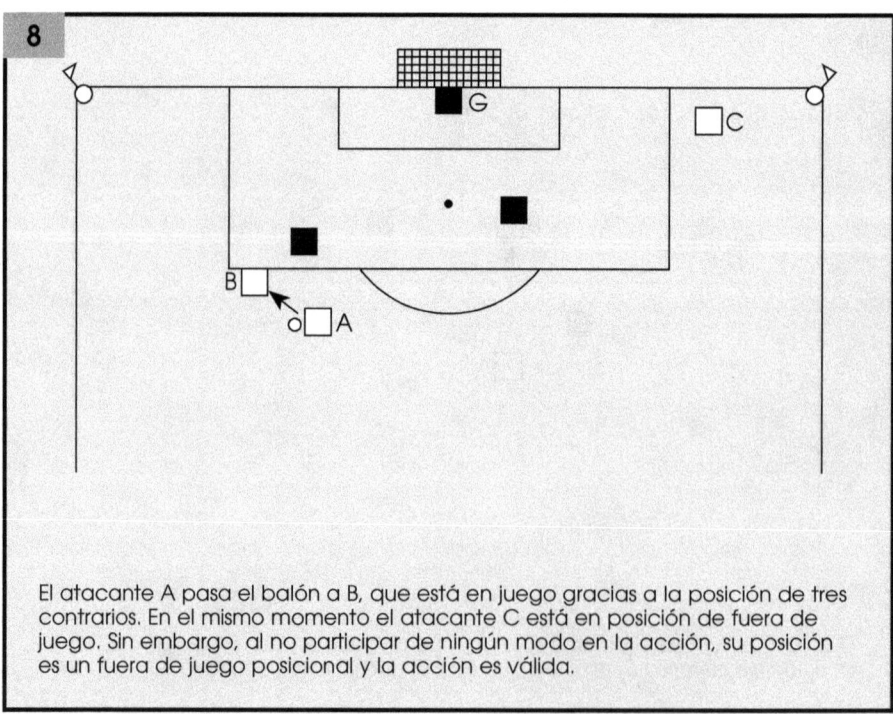

El atacante A pasa el balón a B, que está en juego gracias a la posición de tres contrarios. En el mismo momento el atacante C está en posición de fuera de juego. Sin embargo, al no participar de ningún modo en la acción, su posición es un fuera de juego posicional y la acción es válida.

REGLA 11: EL FUERA DE JUEGO

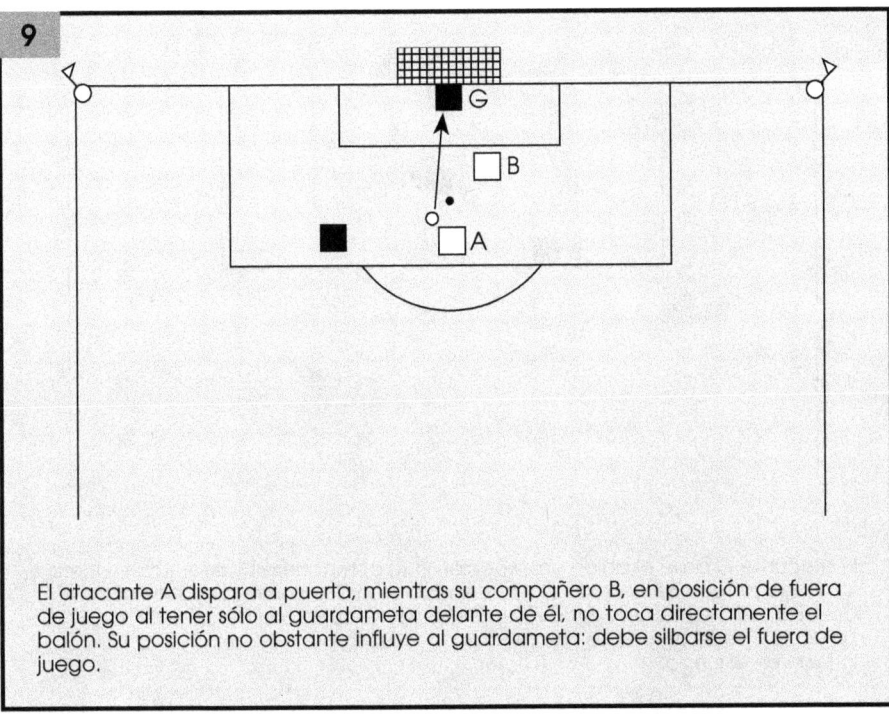

El atacante A dispara a puerta, mientras su compañero B, en posición de fuera de juego al tener sólo al guardameta delante de él, no toca directamente el balón. Su posición no obstante influye al guardameta: debe silbarse el fuera de juego.

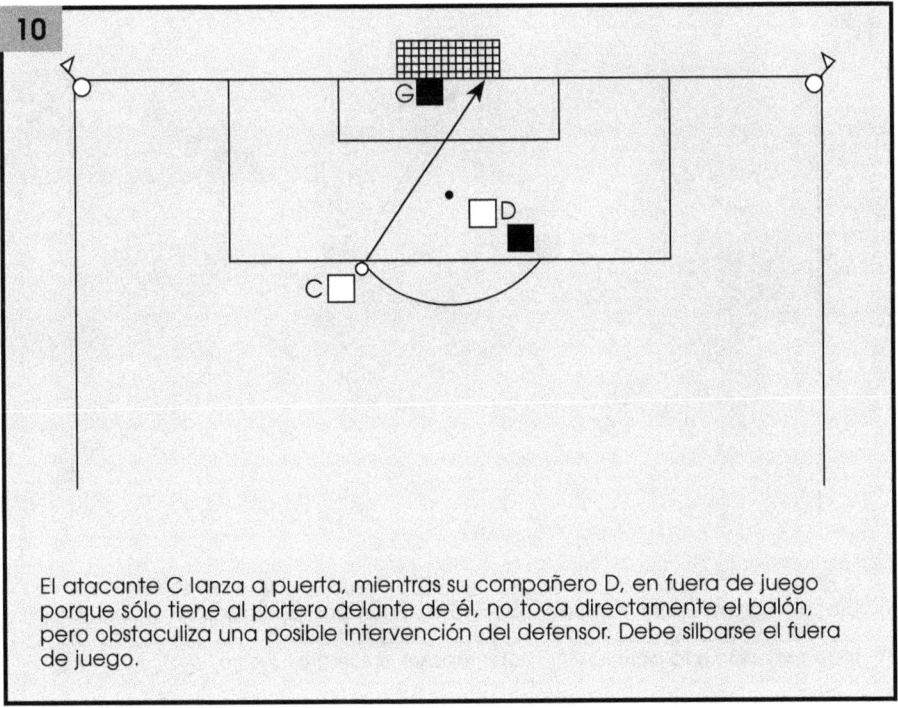

El atacante C lanza a puerta, mientras su compañero D, en fuera de juego porque sólo tiene al portero delante de él, no toca directamente el balón, pero obstaculiza una posible intervención del defensor. Debe silbarse el fuera de juego.

LECCIONES DE FÚTBOL: LA GUÍA DEL ARBITRAJE

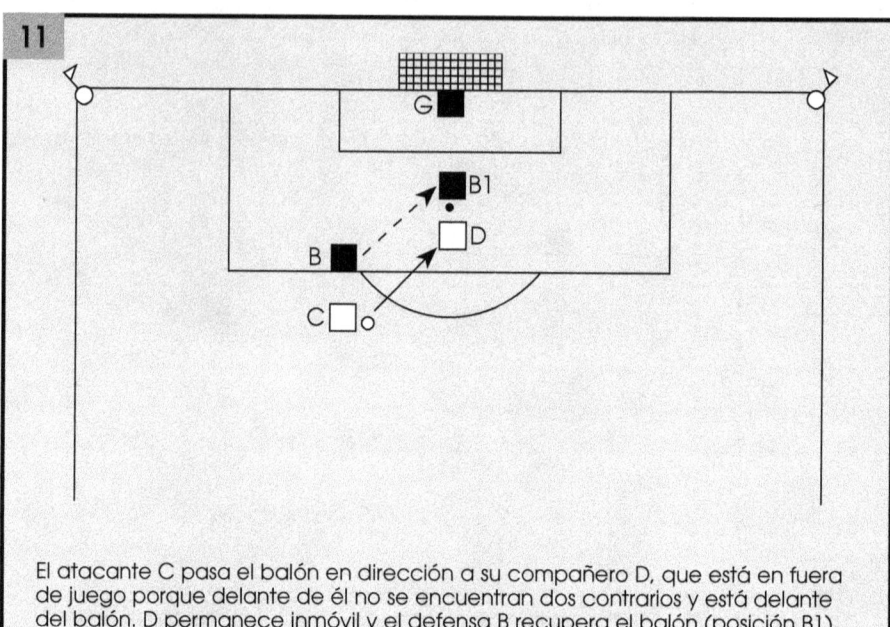

El atacante C pasa el balón en dirección a su compañero D, que está en fuera de juego porque delante de él no se encuentran dos contrarios y está delante del balón. D permanece inmóvil y el defensa B recupera el balón (posición B1). La acción debe detenerse sin embargo, porque la posición inicial de D ha influido en el juego.

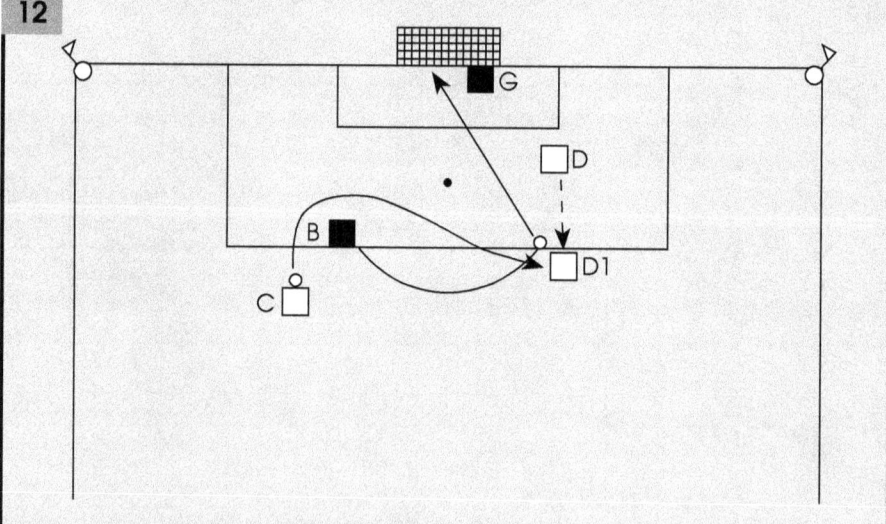

El atacante C dispara a puerta, pero el lanzamiento, a causa del viento o del efecto, regresa hacia atrás, permitiendo a su compañero D, que sin embargo estaba en fuera de juego en el momento del disparo de C, recuperar el balón retrocediendo a la posición D1. Debe silbarse el fuera de juego.

REGLA 11: EL FUERA DE JUEGO

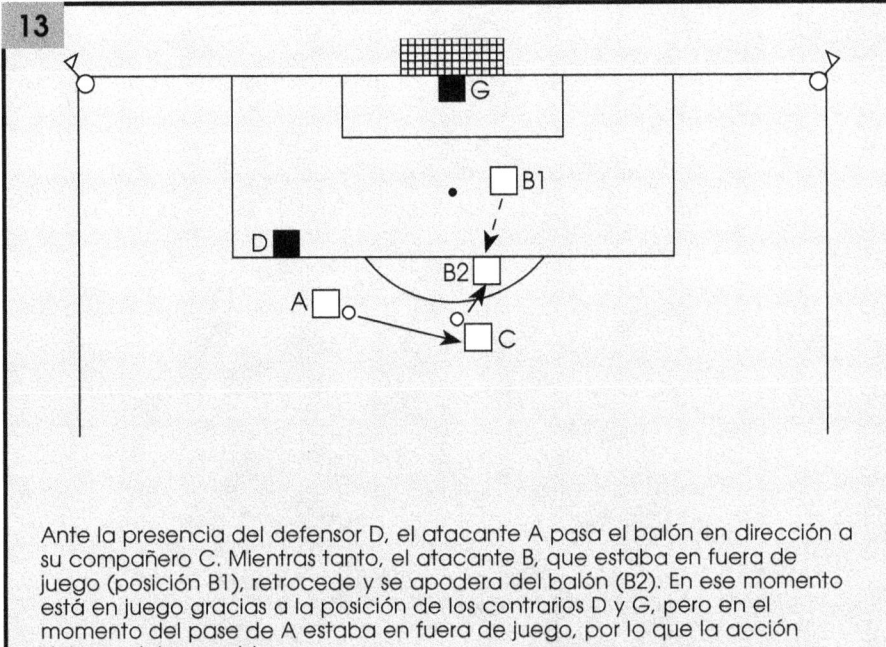

Ante la presencia del defensor D, el atacante A pasa el balón en dirección a su compañero C. Mientras tanto, el atacante B, que estaba en fuera de juego (posición B1), retrocede y se apodera del balón (B2). En ese momento está en juego gracias a la posición de los contrarios D y G, pero en el momento del pase de A estaba en fuera de juego, por lo que la acción debe ser interrumpida.

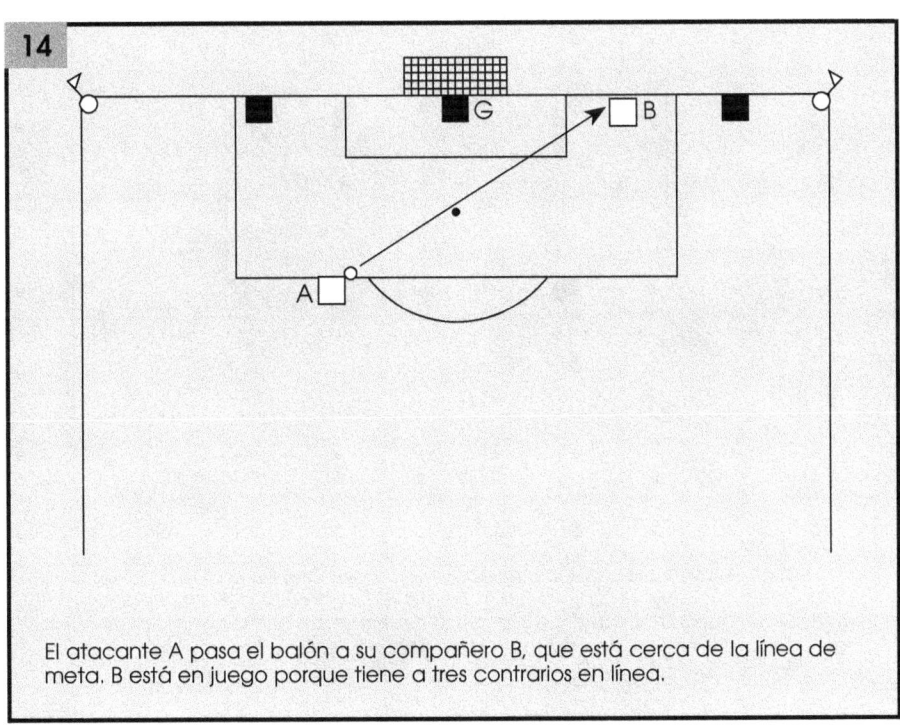

El atacante A pasa el balón a su compañero B, que está cerca de la línea de meta. B está en juego porque tiene a tres contrarios en línea.

LECCIONES DE FÚTBOL: LA GUÍA DEL ARBITRAJE

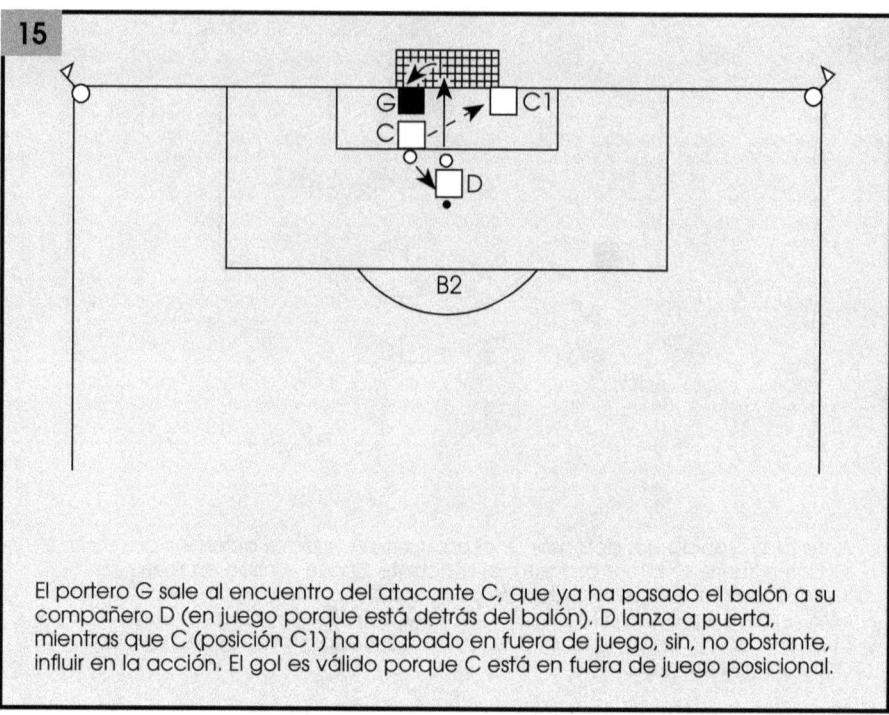

El portero G sale al encuentro del atacante C, que ya ha pasado el balón a su compañero D (en juego porque está detrás del balón). D lanza a puerta, mientras que C (posición C1) ha acabado en fuera de juego, sin, no obstante, influir en la acción. El gol es válido porque C está en fuera de juego posicional.

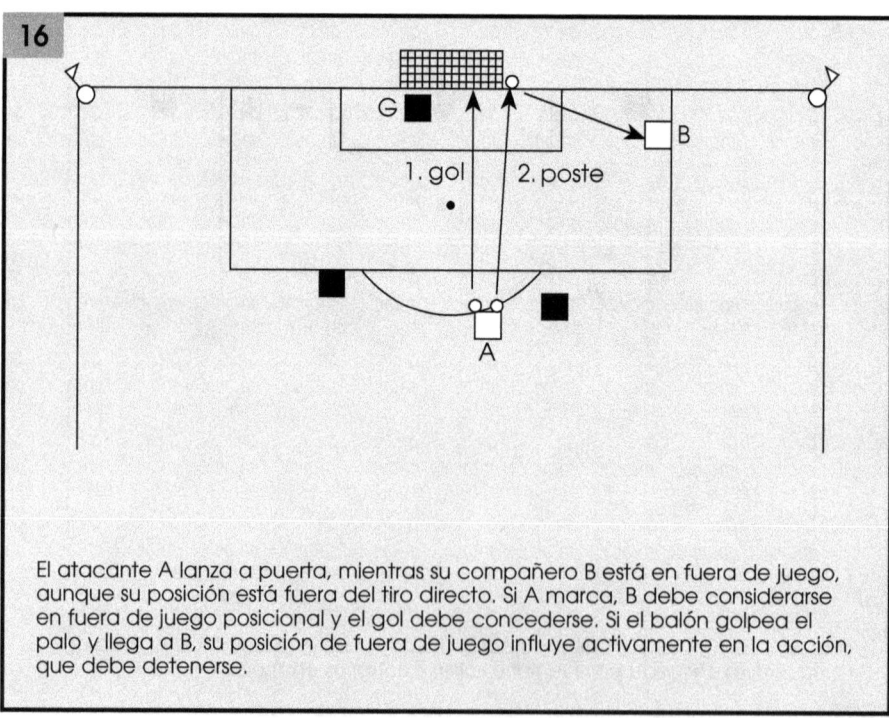

El atacante A lanza a puerta, mientras su compañero B está en fuera de juego, aunque su posición está fuera del tiro directo. Si A marca, B debe considerarse en fuera de juego posicional y el gol debe concederse. Si el balón golpea el palo y llega a B, su posición de fuera de juego influye activamente en la acción, que debe detenerse.

REGLA 11: EL FUERA DE JUEGO

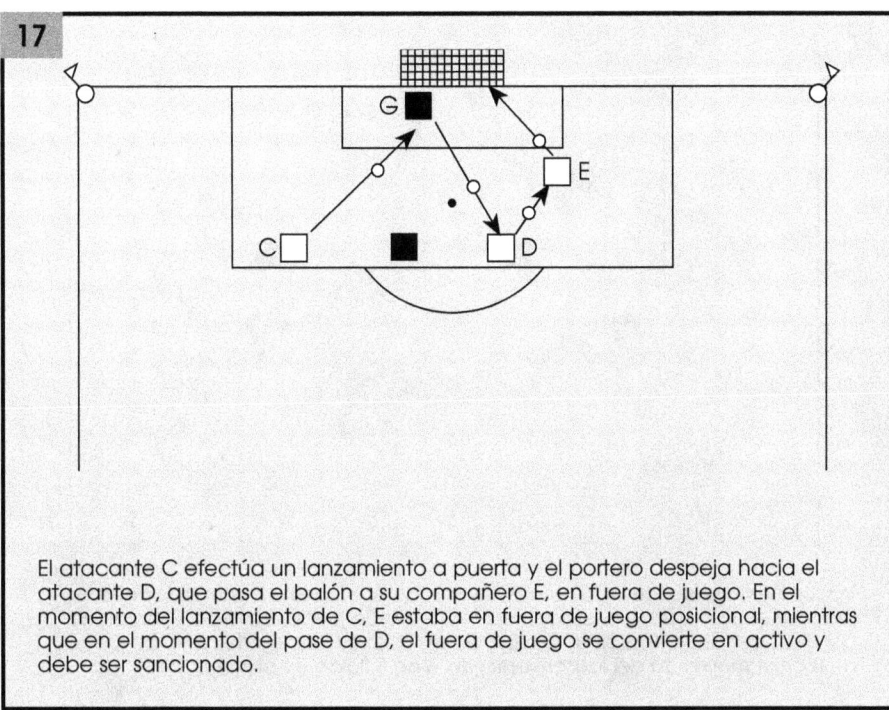

El atacante C efectúa un lanzamiento a puerta y el portero despeja hacia el atacante D, que pasa el balón a su compañero E, en fuera de juego. En el momento del lanzamiento de C, E estaba en fuera de juego posicional, mientras que en el momento del pase de D, el fuera de juego se convierte en activo y debe ser sancionado.

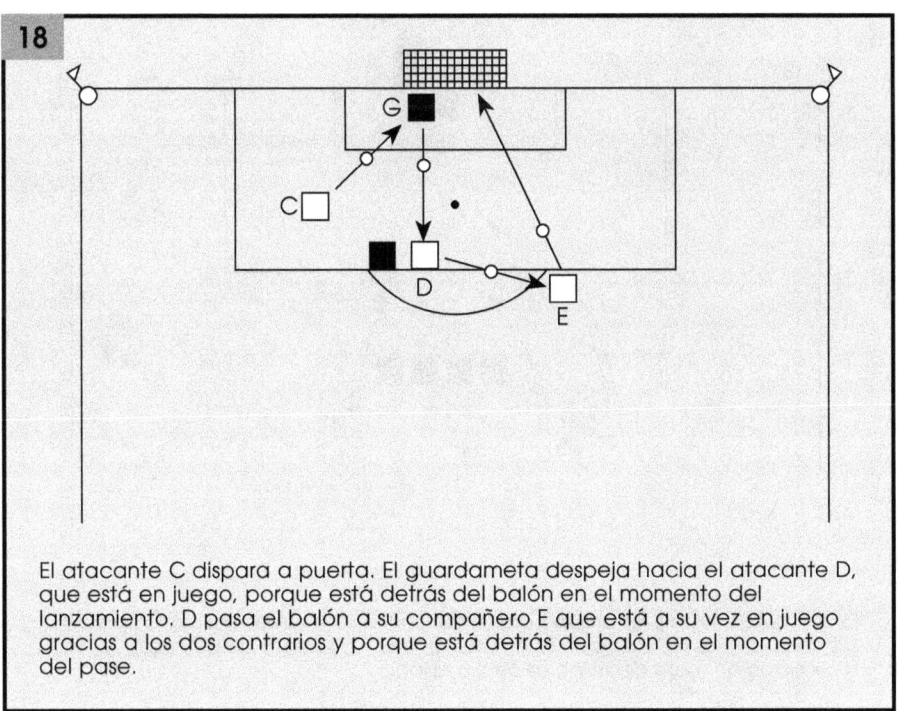

El atacante C dispara a puerta. El guardameta despeja hacia el atacante D, que está en juego, porque está detrás del balón en el momento del lanzamiento. D pasa el balón a su compañero E que está a su vez en juego gracias a los dos contrarios y porque está detrás del balón en el momento del pase.

LECCIONES DE FÚTBOL: LA GUÍA DEL ARBITRAJE

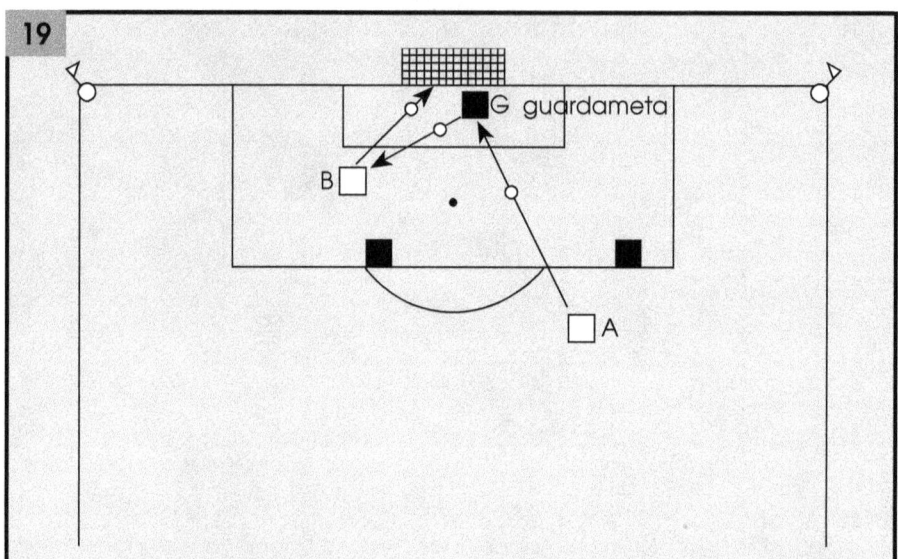

Tras un despeje del guardameta G, el atacante A lanza a portería. El portero rechaza el balón, pero el atacante B, en fuera de juego, controla y marca. El gol debe ser anulado si el árbitro considera que la posición de fuera de juego de B en el momento del lanzamiento de A ha influido en el juego.

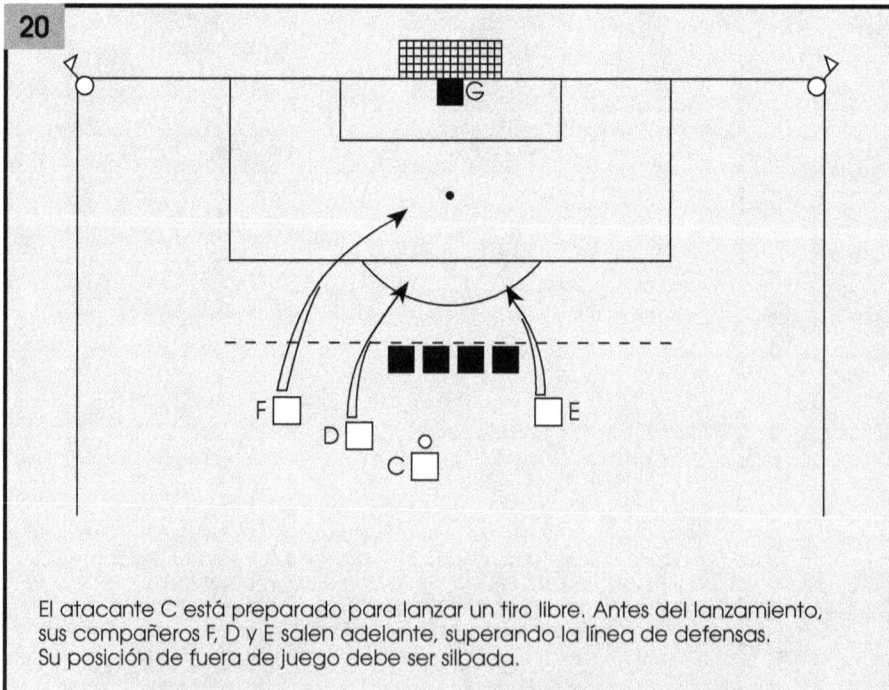

El atacante C está preparado para lanzar un tiro libre. Antes del lanzamiento, sus compañeros F, D y E salen adelante, superando la línea de defensas. Su posición de fuera de juego debe ser silbada.

REGLA 11: EL FUERA DE JUEGO

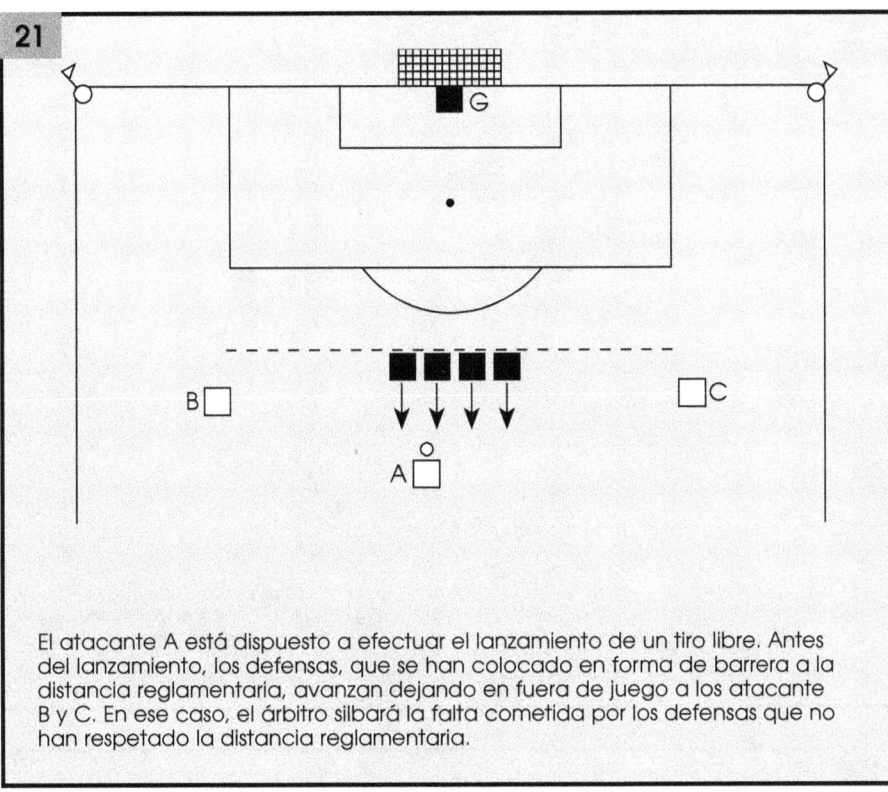

El atacante A está dispuesto a efectuar el lanzamiento de un tiro libre. Antes del lanzamiento, los defensas, que se han colocado en forma de barrera a la distancia reglamentaria, avanzan dejando en fuera de juego a los atacante B y C. En ese caso, el árbitro silbará la falta cometida por los defensas que no han respetado la distancia reglamentaria.

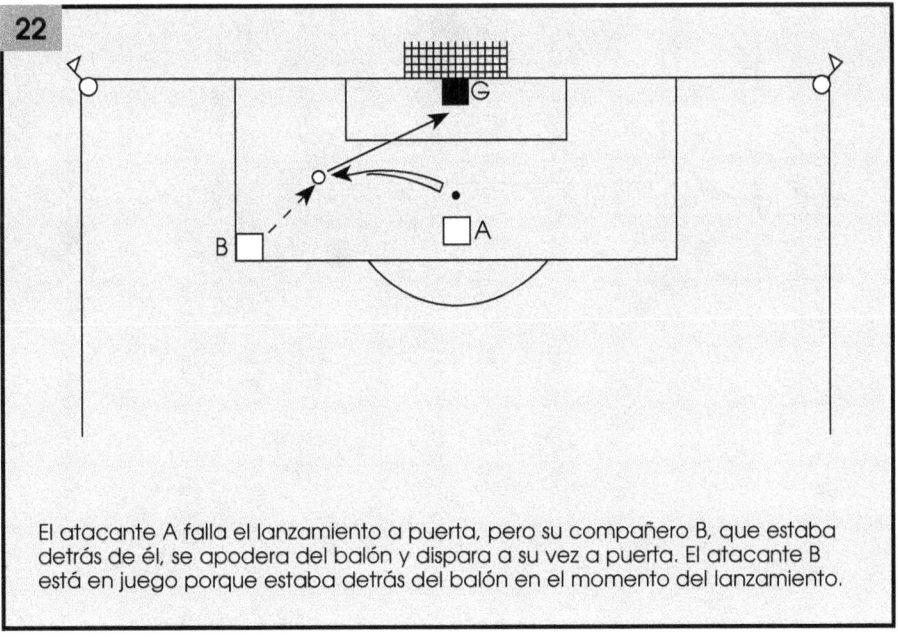

El atacante A falla el lanzamiento a puerta, pero su compañero B, que estaba detrás de él, se apodera del balón y dispara a su vez a puerta. El atacante B está en juego porque estaba detrás del balón en el momento del lanzamiento.

LECCIONES DE FÚTBOL: LA GUÍA DEL ARBITRAJE

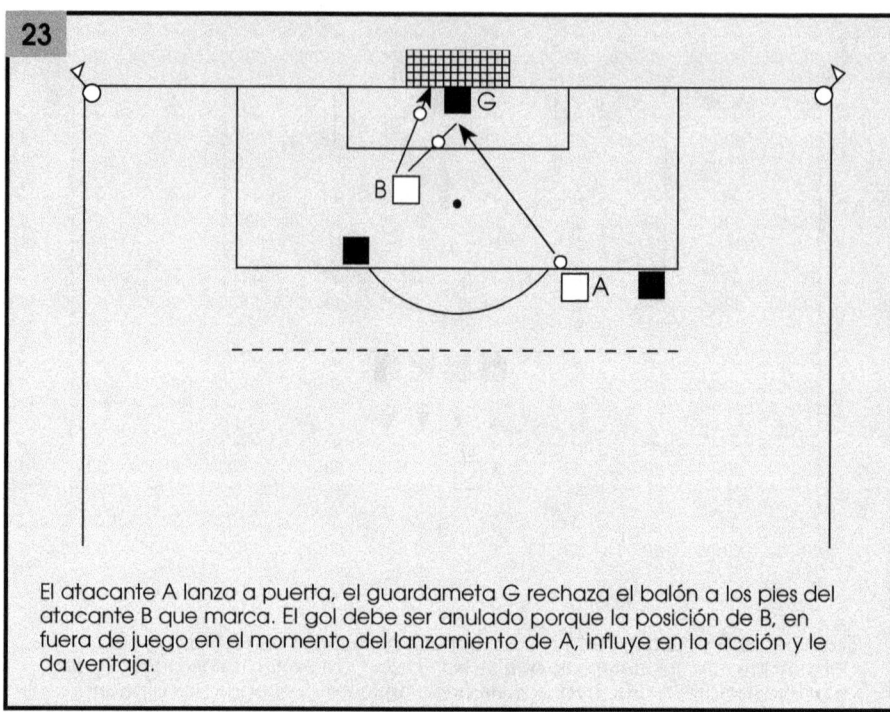

El atacante A lanza a puerta, el guardameta G rechaza el balón a los pies del atacante B que marca. El gol debe ser anulado porque la posición de B, en fuera de juego en el momento del lanzamiento de A, influye en la acción y le da ventaja.

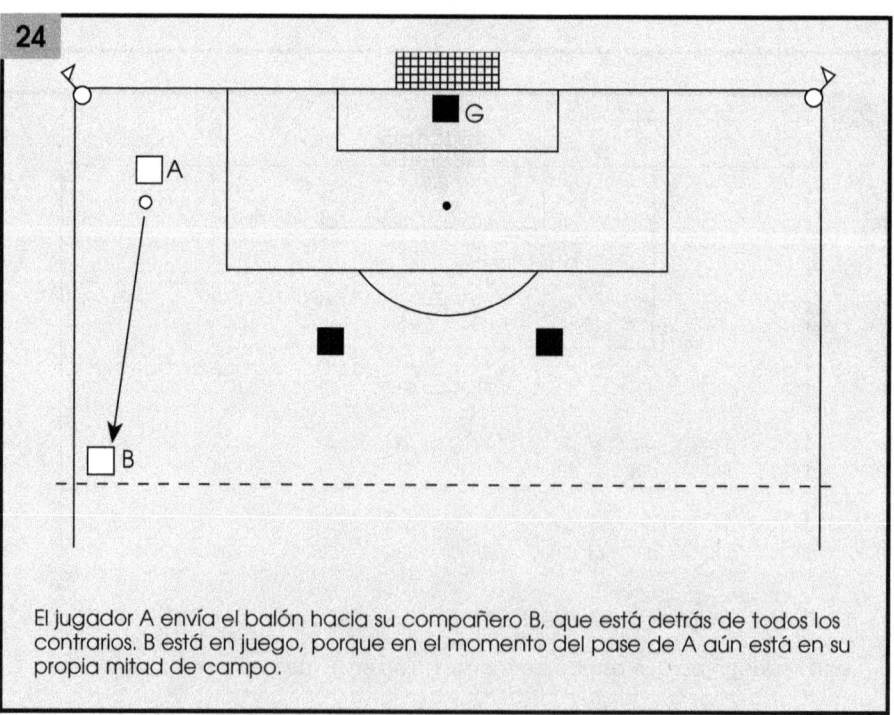

El jugador A envía el balón hacia su compañero B, que está detrás de todos los contrarios. B está en juego, porque en el momento del pase de A aún está en su propia mitad de campo.

REGLA 11: EL FUERA DE JUEGO

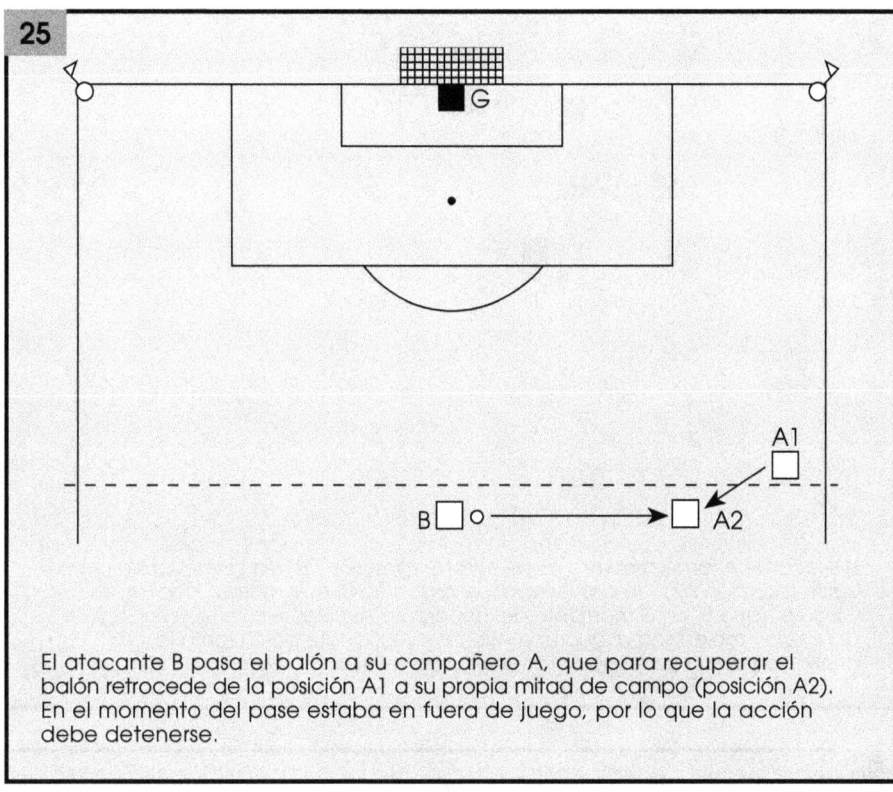

El atacante B pasa el balón a su compañero A, que para recuperar el balón retrocede de la posición A1 a su propia mitad de campo (posición A2). En el momento del pase estaba en fuera de juego, por lo que la acción debe detenerse.

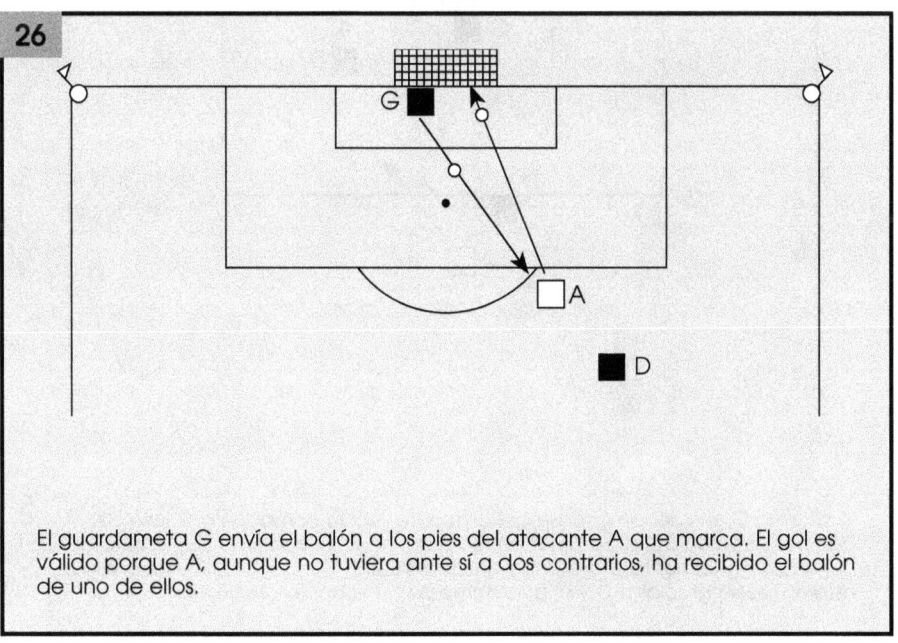

El guardameta G envía el balón a los pies del atacante A que marca. El gol es válido porque A, aunque no tuviera ante sí a dos contrarios, ha recibido el balón de uno de ellos.

LECCIONES DE FÚTBOL: LA GUÍA DEL ARBITRAJE

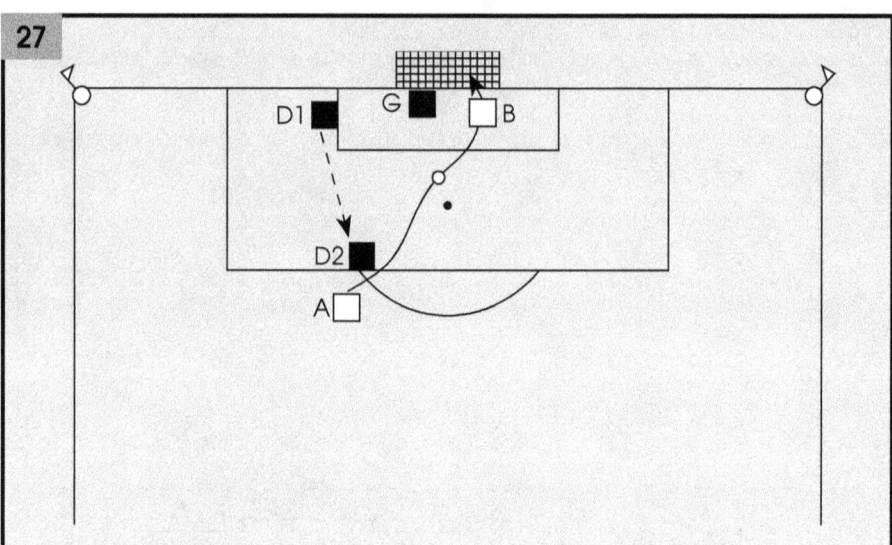

El atacante A lanza a puerta. El defensor D (posición D1) va al encuentro del balón (posición D2) y lo desvía hacia el atacante B, que marca. El gol no es válido porque B, en el momento del disparo de A, estaba en fuera de juego y su posición molestaba al guardameta. No es suficiente por lo tanto la desviación de un contrario para volver a poner el balón en juego.

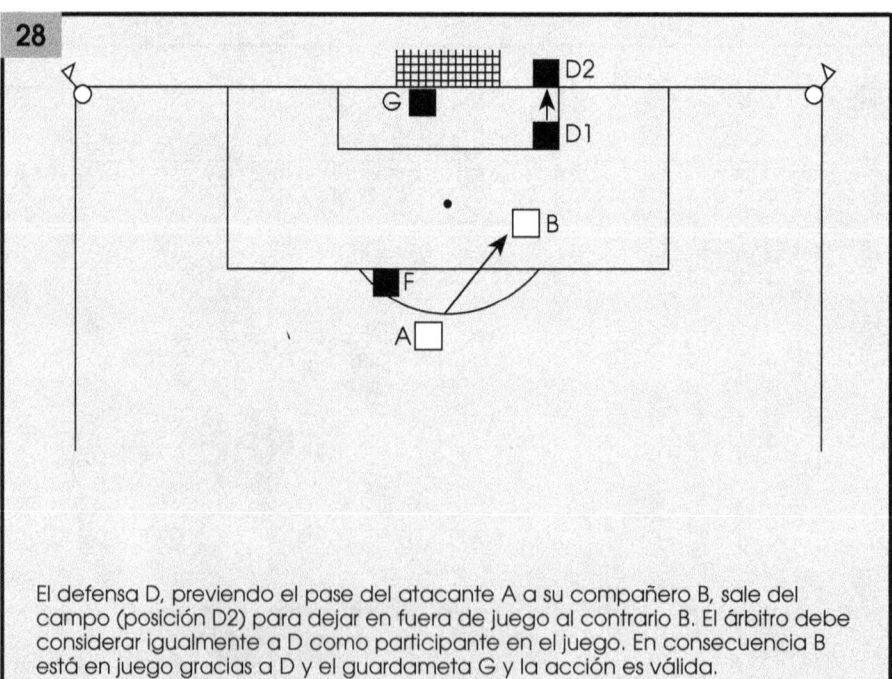

El defensa D, previendo el pase del atacante A a su compañero B, sale del campo (posición D2) para dejar en fuera de juego al contrario B. El árbitro debe considerar igualmente a D como participante en el juego. En consecuencia B está en juego gracias a D y el guardameta G y la acción es válida.

REGLA 11: EL FUERA DE JUEGO

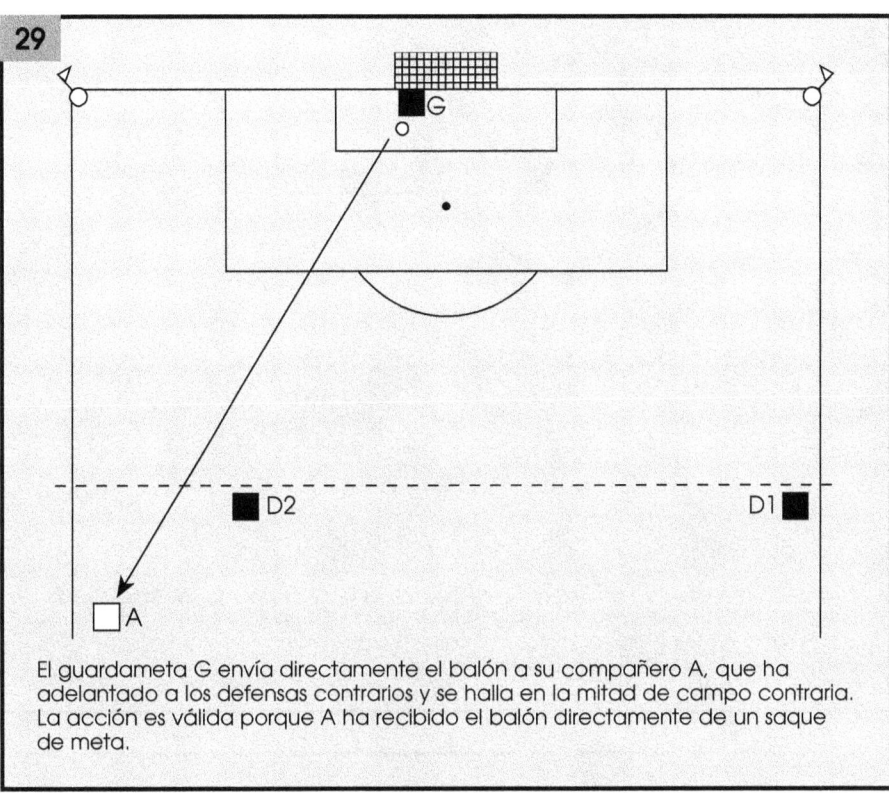

El guardameta G envía directamente el balón a su compañero A, que ha adelantado a los defensas contrarios y se halla en la mitad de campo contraria. La acción es válida porque A ha recibido el balón directamente de un saque de meta.

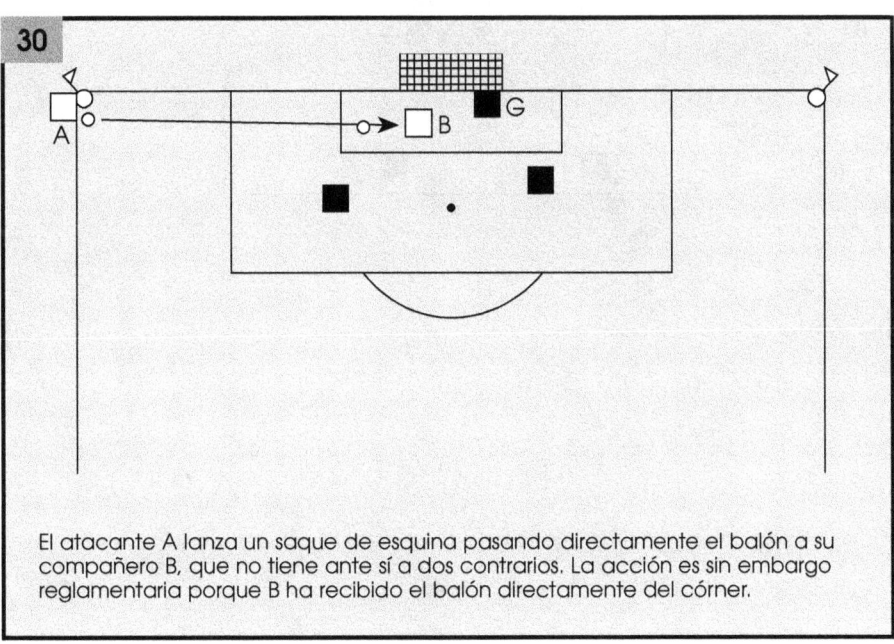

El atacante A lanza un saque de esquina pasando directamente el balón a su compañero B, que no tiene ante sí a dos contrarios. La acción es sin embargo reglamentaria porque B ha recibido el balón directamente del córner.

LECCIONES DE FÚTBOL: LA GUÍA DEL ARBITRAJE

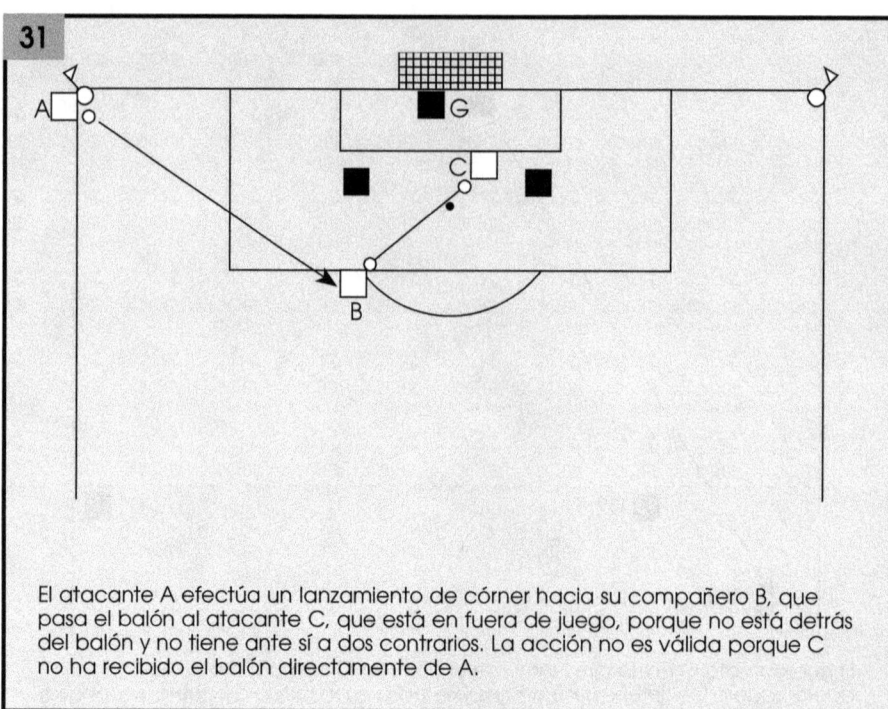

El atacante A efectúa un lanzamiento de córner hacia su compañero B, que pasa el balón al atacante C, que está en fuera de juego, porque no está detrás del balón y no tiene ante sí a dos contrarios. La acción no es válida porque C no ha recibido el balón directamente de A.

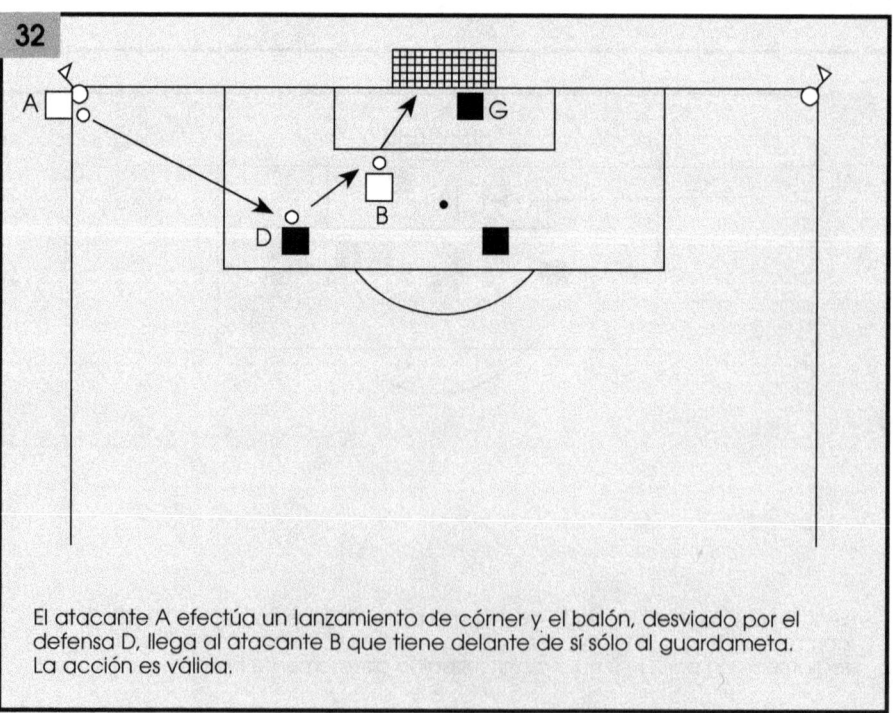

El atacante A efectúa un lanzamiento de córner y el balón, desviado por el defensa D, llega al atacante B que tiene delante de sí sólo al guardameta. La acción es válida.

REGLA 11: EL FUERA DE JUEGO

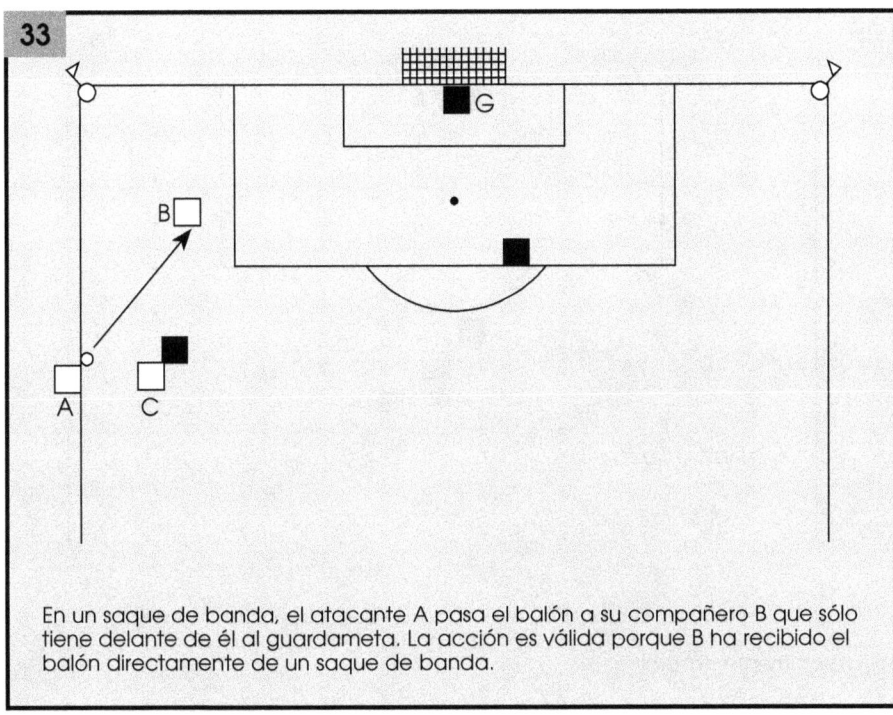

En un saque de banda, el atacante A pasa el balón a su compañero B que sólo tiene delante de él al guardameta. La acción es válida porque B ha recibido el balón directamente de un saque de banda.

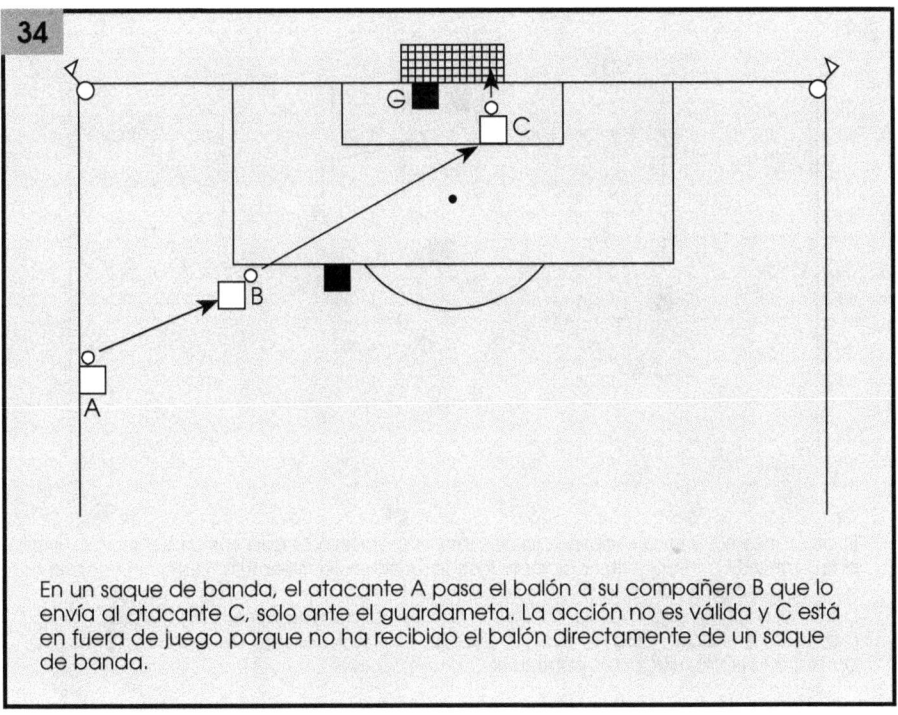

En un saque de banda, el atacante A pasa el balón a su compañero B que lo envía al atacante C, solo ante el guardameta. La acción no es válida y C está en fuera de juego porque no ha recibido el balón directamente de un saque de banda.

LECCIONES DE FÚTBOL: LA GUÍA DEL ARBITRAJE

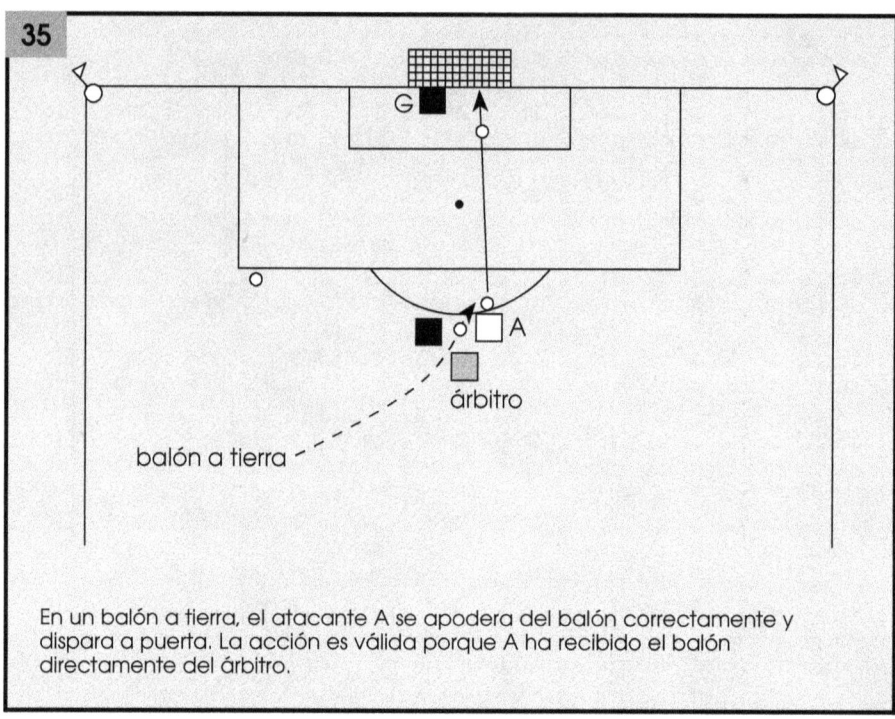

En un balón a tierra, el atacante A se apodera del balón correctamente y dispara a puerta. La acción es válida porque A ha recibido el balón directamente del árbitro.

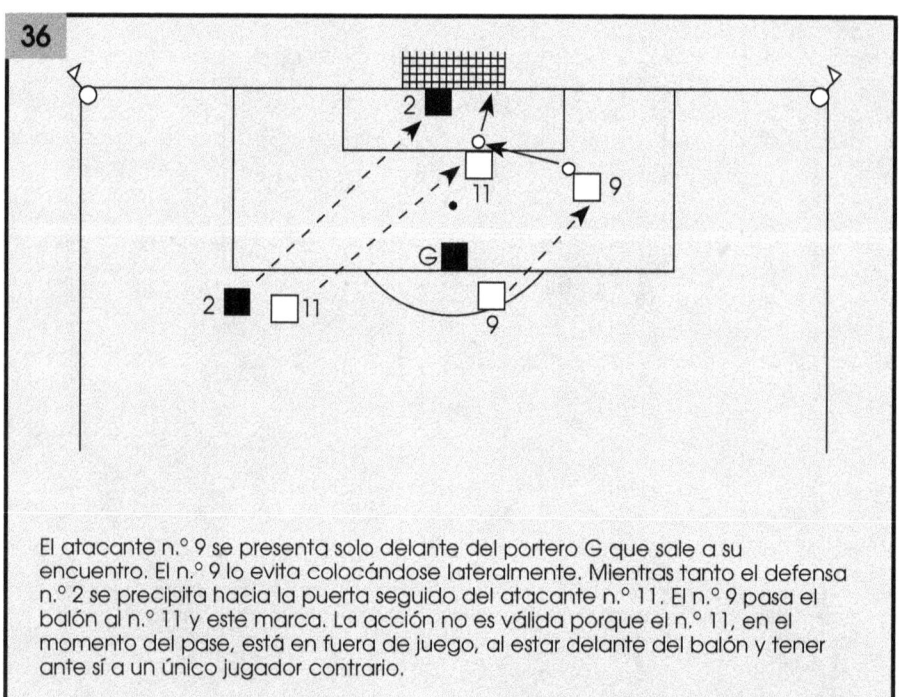

El atacante n.º 9 se presenta solo delante del portero G que sale a su encuentro. El n.º 9 lo evita colocándose lateralmente. Mientras tanto el defensa n.º 2 se precipita hacia la puerta seguido del atacante n.º 11. El n.º 9 pasa el balón al n.º 11 y este marca. La acción no es válida porque el n.º 11, en el momento del pase, está en fuera de juego, al estar delante del balón y tener ante sí a un único jugador contrario.

REGLA 11: EL FUERA DE JUEGO

¡HAY QUE CAMBIAR EL SISTEMA DE ARBITRAJE!

Todo el mundo tiene sus propias ideas sobre la evolución del arbitraje. Rolland Courbis, el entrenador del Olympique de Marsella, no es una excepción, al igual que muchos otros.

«Quizá podría añadirse un árbitro más... Pero creo que es mejor utilizar al árbitro suplente o al asistente. Teniendo en cuenta que está situado en el ala derecha y tiene una línea de 100 a 110 m para vigilar, la mayor parte de las veces está mejor colocado que el árbitro, que sanciona una acción a 30 o 40 m de distancia. Un ser humano no es infalible, por ello hay que poner todos los medios para evitar un error.»

Combinación entre atacantes. El riesgo en ese tipo de combinación es el fuera de juego. (Fisec/Bourg-en-Bresse, 1994; © Bruno Grelon)

REGLA 12: LAS FALTAS Y LAS CONDUCTAS ANTIDEPORTIVAS

Las faltas y los comportamientos antideportivos deben ser sancionados como sigue.

El tiro libre y el penalti

El tiro libre directo

El tiro libre directo se concede al equipo contrario del jugador que, según el árbitro, ha cometido de forma imprudente, temeraria o con el uso de una fuerza excesiva, una de las seis faltas siguientes:

— dar o intentar dar una patada al contrario;
— dar o intentar hacer la zancadilla al contrario;
— saltar por encima de un contrario;
— cargar sobre un contrario;
— golpear o intentar golpear a un contrario;
— empujar a un contrario.

También se concede un tiro libre directo al equipo contrario del jugador que comete una de las cuatro faltas siguientes:

— dar una patada al adversario antes de tocar el balón;
— sujetar a un contrario;
— escupir a un contrario;
— tocar deliberadamente el balón con las manos (salvo el guardameta en su propia área de penalti).

Todo tiro libre directo debe ejecutarse en el lugar donde la falta ha sido cometida.

El tiro libre es concedido al equipo designado por el árbitro.
(© Guy Barbier - Stage UGSEL)

REGLA 12: LAS FALTAS Y LAS CONDUCTAS ANTIDEPORTIVAS

El penalti

Un penalti se concede cuando una de estas diez faltas es cometida por un jugador en su propia área, sin tener en cuenta el lugar donde se encuentre el balón en ese momento, siempre y cuando esté en juego.

El tiro libre indirecto

Un tiro libre indirecto se concede al equipo contrario del jugador que, según el árbitro:

— *juega de manera peligrosa;*
— *obstaculiza la evolución de un contrario;*
— *impide al guardameta soltar la pelota de las manos;*
— *comete otras faltas no mencionadas en el prólogo, en la regla 12, por las que el partido se detiene para amonestar o expulsar a un jugador.*

Un tiro libre indirecto se concede al equipo contrario del guardameta que, estando en su propia área de penalti, comete una de las cinco faltas siguientes:

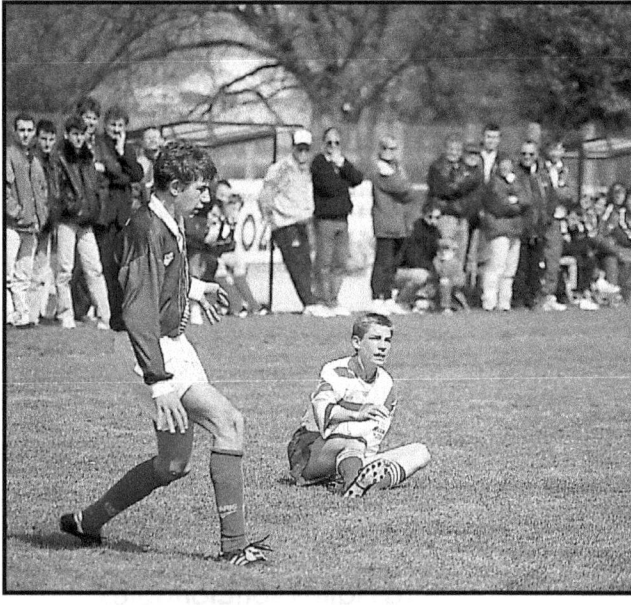

Un jugador puede tomar su impulso para lanzar un tiro libre desde fuera de los límites del terreno de juego. (Fisec/ Bourg-en-Bresse, 1994; © Bruno Grelon)

— *dar más de cuatro pasos en posesión del balón antes de soltarlo de las manos;*
— *toca de nuevo el balón con las manos después de haberlo soltado,*

EL GUARDAMETA Y EL PENALTI

El último reglamento introducido por la International F. A. Board (...) hace referencia al comportamiento del guardameta en caso de penalti. Desde esa modificación, los guardametas pueden desplazarse a lo largo de la línea blanca de su portería antes incluso de que el contrario haya golpeado el balón a partir del punto de penalti, sin tener derecho a superar esta línea e ir hacia el balón. Así, pues, es posible mover los pies, y no solamente el cuerpo, horizontalmente a lo largo de su línea de meta. Antes de esta novedad, debían permanecer firmemente pegados al suelo hasta que el contrario lanzase el tiro (una regla generalmente transgredida por todos los guardametas).

En *Lecciones de fútbol. La defensa y el portero*, A. Preda y A. Kuk, Editorial De Vecchi, 1998.

LECCIONES DE FÚTBOL: LA GUÍA DEL ARBITRAJE

sin que haya sido tocado por otro jugador;
— tocar el balón con las manos después de serle cedido con el pie deliberadamente por un compañero;
— tocar el balón con las manos directamente de un saque de banda efectuado por un compañero;
— perder tiempo.

El tiro libre indirecto debe ser ejecutado en el lugar donde se ha cometido la contravención.

Las sanciones disciplinarias

Las faltas sancionables con una amonestación

Un jugador recibe una amonestación (tarjeta amarilla) cuando comete una de las siete faltas siguientes:

1. Es culpable de un comportamiento antideportivo.
2. Manifiesta su desaprobación con actos o palabras.
3. Transgrede con persistencia las reglas del juego.
4. Retrasa la reanudación del juego.
5. No respeta la distancia exigida en la ejecución de un saque de esquina o de un tiro libre.
6. Penetra o regresa al terreno de juego sin previa autorización del árbitro.
7. Abandona deliberadamente el terreno de juego sin previa autorización del árbitro.

Plancha de Maldini, central del Milán AC, sobre el atacante del Udinese Bierhoff, hoy en día también del Milán AC. (DR)

Las faltas sancionables con la expulsión

Un jugador es expulsado del terreno de juego (tarjeta roja) cuando comete una de las siete faltas siguientes:

1. Es culpable de una falta grave.
2. Es culpable de un acto de brutalidad.
3. Escupe a un adversario o a cualquier otra persona.
4. Impide al equipo contrario marcar un gol, o desbarata una ocasión de gol manifiesta, tocando deliberadamente el balón con la mano (eso no es aplicable al guardameta en su propia área de penalti).
5. Desbarata una ocasión de gol manifiesta de un contrario dirigiéndose hacia su portería cometiendo una falta sancionable con tiro libre o un penalti.
6. Emplea lenguaje ofensivo, grosero u obsceno.
7. Recibe una segunda amonestación en el mismo partido.

Durante el campeonato mundial de Francia, se pidió a los árbitros que castigaran con tarjeta roja a los

86

REGLA 12: LAS FALTAS Y LAS CONDUCTAS ANTIDEPORTIVAS

EL BUEN USO DEL *TACKLE*

El *tackle* (término inglés utilizado habitualmente en la jerga del fútbol) es un gesto defensivo que permite *arrancar* el balón de los pies de un contrario o desviarlo a banda, o alejarlo hacia una zona del terreno menos peligrosa. Contrariamente a lo que podría pensarse, el *tackle* no es una intervención exclusivamente defensiva, sino que debe poder ser efectuada por todos los jugadores, sea cual sea el lugar que ocupan. No es un gesto fácil de ejecutar ni enseñar; exige un buen *timing*, valor y fuerza. Existen dos tipos de plancha:

— la plancha frontal, sobre todo ejecutada en la parte central del terreno, cuando hay que desbaratar las maniobras contrarias;
— la plancha lateral deslizada, y utilizada más a menudo como un gesto defensivo o por los atacantes que intentan recuperar el balón.

En *Lecciones de fútbol. La defensa y el portero*, A. Preda y A. Kuk, *op. cit.*

---

jugadores que cometieran faltas entrando por detrás.

Podría asimilarse esta falta al caso número dos («brutalidad»).

La falta sobre el jugador que se dirige solo hacia la meta

Cuando un defensa comete una falta sobre un jugador que se dirige solo a meta, debe ser expulsado del terreno de juego por falta grave. Se sanciona más por el gesto que por la agresión física. El árbitro tiene, pues, que:

— decidir si es una falta o no. En caso afirmativo, habrá que dictaminar su importancia y la sanción. En caso negativo, hará que el juego continúe;
— considerar si la intervención del otro jugador ha echado a perder una oportunidad para marcar gol.

Si ese no es el caso, el tiro libre o el penalti debe ser concedido, y si es necesario, sancionar con una amonestación. Sin embargo, si por el contrario se hubiera abortado un lanzamiento a puerta, el jugador que ha cometido la falta debe ser expulsado y reanudarse el juego con un tiro libre o un penalti.

Además, no se harán diferencias entre la falta cometida en el exterior del área de penalti y la cometida en el interior, aunque el penalti se silbará sólo cuando la falta se cometa en el interior del área de penalti. En ambos casos, el jugador será expulsado.

Es preciso determinar ahora si una posibilidad de gol es evidente o no. El árbitro deberá aplicar los siguientes principios:

1. ¿El atacante se dirige directamente a la meta contraria, y no a la línea de meta? Si el atacante sale en dirección al banderín del córner, el árbitro no puede considerar eso como una ocasión evidente de marcar un tanto.

2. ¿Qué posiciones ocupan los defensas respecto al lugar donde se ha cometido la falta?

LECCIONES DE FÚTBOL: LA GUÍA DEL ARBITRAJE

3. ¿En qué lugar se ha cometido la falta respecto a la portería contraria? Cuanto más larga es la distancia, menos evidente es la posibilidad de gol.

Finalmente, si el árbitro, cuando toma una decisión, debe considerar todos los criterios precedentes, es obvio que su juicio y opinión prevaldrán.

Centro del jugador n.º 11 tras una superación. Va a levantar la cabeza: ¿hay jugadores en el área de castigo? (Fisec/Bourg-en-Bresse, 1994; © Bruno Grelon)

LA NOCIÓN DE FALTA GRAVE

Se considera que existe falta grave, entre otras, cuando el guardameta, ya driblado por un contrario, se gira y sujeta el pie al atacante. La decisión en ese caso es la expulsión, y el penalti si el gol no ha sido marcado. En cambio, no existe falta grave cuando el guardameta, viendo a un atacante llegar solo al área de penalti, sale de su portería y se lanza a sus pies, falla el balón y provoca que el atacante chute en la acción mientras están frente a frente. En ese caso, se produce penalti, pero no habrá tarjeta roja para el guardameta.

EL PASE DELIBERADO AL GUARDAMETA

Un compañero no puede pasar deliberadamente el balón a su guardameta con el pie. Puede hacerlo con la cabeza, el pecho, el vientre, las nalgas, el muslo, la rodilla e incluso con la pierna, pero no con los pies. En ese caso, es preciso determinar perfectamente que el pie empieza en el tobillo.

La única excepción a esta regla es la desviación accidental, por lo tanto no deliberada, de un balón que llega a manos del guardameta. En caso de que el guardameta atrape un balón sacado intencionalmente por un compañero, se produce un tiro libre indirecto en el lugar de la falta. En un saque de banda, producido directamente por el guardameta, se produce falta si el guardameta controla el balón con las manos y no con los pies. No existe falta si el balón, tras rebotar en el pie de un defensa, es detenido por el guardameta, ya que no se trata de una acción deliberada de su compañero. En cambio, se produce falta si un defensa, tras detener el balón con el pie, lo pasa directamente a su guardameta, y este lo toca con la mano.

REGLA 13: LOS TIROS LIBRES

La ejecución del tiro libre

Los tiros libres pueden ser directos (gol directo válido) o indirectos (el balón debe tocar a otro jugador antes del lanzamiento a portería). El balón debe estar inmóvil en el momento del saque, y el ejecutante no debe tocar el balón una segunda vez antes de que este haya sido tocado por otro jugador.

El tiro libre directo

Si el balón penetra directamente en la portería del equipo contrario, se concede el gol.
Si el balón está en juego y penetra directamente en la portería del equipo del ejecutante, se concede un saque de esquina al equipo contrario.

El tiro libre indirecto

El árbitro señala el tiro libre indirecto levantando el brazo por encima de su cabeza. Mantiene su brazo en esta posición hasta la ejecución del tiro libre y hasta que el balón toque a otro jugador o salga del juego. Si el balón penetra en la portería, no se concederá el gol salvo si ha tocado previamente a otro jugador:

— *si el balón penetra directamente en la portería del equipo contrario, se concede a este un saque de puerta;*
— *si el balón está en juego y entra directamente en la portería del equipo del ejecutante, se concede un saque de esquina al equipo contrario.*

El lugar de ejecución del tiro libre

TIRO LIBRE EN EL ÁREA DE PENALTI

Tiro libre directo o indirecto a favor del equipo defensor:

— *todos los jugadores del equipo contrario deben encontrarse al menos a 9,15 m del balón;*
— *todos los jugadores del equipo contrario deben estar fuera del área de penalti hasta que el balón esté en juego;*
— *el balón está en juego desde que es sacado directamente fuera del área de penalti;*

LECCIONES DE FÚTBOL: LA GUÍA DEL ARBITRAJE

El árbitro indica el lugar de la falta y el lugar desde el que debe lanzarse el tiro libre. (© Guy Barbier – Stage UGSEL)

— un tiro libre que haya sido concedido en el área de meta puede ser ejecutado desde cualquier punto de este área.

Tiro libre indirecto a favor del equipo atacante:

— todos los jugadores del equipo contrario deben estar por lo menos a 9,15 m del balón hasta que este vuelva a estar en juego, salvo si se encuentran en su propia línea de meta entre los postes;
— el balón está en juego desde que es sacado y se ha movido;
— un tiro libre indirecto concedido en el área de penalti debe ser ejecutado desde la línea de demarcación del área de meta, que es paralela a la línea de meta, y en el punto más

cercano al lugar donde se ha cometido la contravención.

TIRO LIBRE FUERA
DEL ÁREA DE PENALTI

En este caso deben cumplirse los siguientes requisitos:

— todos los jugadores del equipo contrario deben encontrarse al menos a 9,15 m del balón hasta que este se encuentre en juego;
— el balón está en juego desde que es sacado y se ha movido;
— el tiro libre debe ser ejecutado en el lugar donde se ha cometido la falta.

Infracciones y sanciones

Cuando un jugador del equipo contrario no se encuentra a la distancia reglamentaria durante la ejecución del tiro libre:

— el tiro libre debe efectuarse de nuevo.

Cuando el balón no se pone directamente en juego por el equipo defensor porque el tiro libre es ejecutado en su propia área de penalti:

— el tiro libre debe efectuarse de nuevo.

Cuando el balón está en juego y el ejecutante toca el balón una segunda vez [...] antes de que lo haya tocado otro jugador:

— se concede un tiro libre indirecto al equipo contrario, que debe ejecu-

REGLA 13: LOS TIROS LIBRES

tarse en el lugar donde la falta ha sido cometida.

Cuando el balón está en juego y el ejecutante lo coge deliberadamente con las manos antes de que lo haya tocado otro jugador:

— se concede un tiro libre al equipo contrario, que debe ejecutarse en el lugar donde se ha cometido la falta;
— si la falta ha sido cometida en el área de penalti del ejecutante se concederá un penalti.

Tiro libre ejecutado por el guardameta

Cuando el balón está en juego y el guardameta lo toca antes que otro jugador:

— se concede un tiro libre indirecto al equipo contrario, que debe ser ejecutado en el lugar donde se ha cometido la falta.

Cuando el balón está en juego y el guardameta lo coge deliberadamente con las manos antes de que este haya tocado otro jugador:

— se concede un tiro libre directo al equipo contrario si la falta se ha cometido fuera del área de penalti del guardameta. Este tiro libre directo debe ser ejecutado en el lugar donde se ha cometido la falta;
— se concede un tiro libre indirecto al equipo contrario si la falta ha sido cometida dentro del área de penalti del guardameta. Este tiro libre indirecto debe ser ejecutado en el lugar donde se ha cometido la falta.

Los tiros libres indirectos pitados contra el equipo defensor en el área de penalti

Se concede un tiro libre indirecto al equipo contrario cuando:

— el guardameta realiza más de cuatro pasos con el balón en su área de penalti, o bien realiza maniobras para retrasar el juego;
— un jugador realiza alguna maniobra peligrosa;
— el árbitro ha amonestado a algún jugador o ha realizado alguna expulsión;
— el guardameta se tiende sobre el balón y lo inmoviliza intencionalmente demasiado tiempo;
— un jugador retiene el balón entre las piernas y deja de jugar;

El balón rodeará la barrera. No existe fuera de juego. (Fisec/Bourg-en-Bresse, 1994; © Bruno Grelon)

LECCIONES DE FÚTBOL: LA GUÍA DEL ARBITRAJE

— un jugador carga contra un contrario sin el balón o que no se encuentra a distancia del juego;
— un jugador salta o bien se apoya sobre un compañero;
— un jugador obstruye a un contrario sin jugar el balón;
— un jugador efectúa un pase deliberado con el pie a su guardameta, que coge el balón con las manos.

LAS CONTRAVENCIONES SANCIONADAS CON UN TIRO LIBRE INDIRECTO

La lista de contravenciones sancionadas con un tiro libre directo está estipulada por la regla 12.
  Se concede un tiro libre indirecto al equipo contrario cuando:

• En un saque, un jugador juega dos veces consecutivas el balón, al haber sido movido este hacia delante.

• Un jugador es sancionado con fuera de juego.

• Un jugador juega de manera considerada peligrosa por el árbitro.

• Un jugador en el suelo retiene demasiado tiempo el balón entre sus piernas o bajo su cuerpo.

• El guardameta, tras efectuar cuatro pasos, no suelta el balón o retrasa el juego de manera palpable.

• Un jugador impide al guardameta lanzar la pelota con las manos.

• Un jugador, sin jugar el balón, obstaculiza a un contrario.

• Un jugador transgrede persistentemente las reglas del juego.

• Un jugador desaprueba con sus palabras o gestos una decisión arbitral.

• Un jugador recibe una amonestación por conducta poco adecuada. (En estos tres últimos casos, hay que estar atento a que no se haya cometido una falta más grave de las reglas del juego.)

• Un jugador se reconoce culpable de conducta violenta hacia sus compañeros, los árbitros o espectadores.

• Un jugador salta o se apoya sobre un compañero.

• Un jugador abandona el terreno de juego sin la autorización del árbitro.

• En la ejecución de un tiro libre, un jugador toca dos veces el balón antes de que haya sido tocado por otro jugador.

• Durante un penalti, un jugador golpea dos veces consecutivas el balón antes de ser desplazado hacia delante.

• Durante un saque de banda, un jugador toca de nuevo el balón antes de que haya sido tocado por otro jugador.

• Durante un penalti, un jugador juega dos veces consecutivas el balón que ha atravesado el área de penalti.

• Durante un saque de esquina, el jugador que lo tira juega dos veces consecutivas el balón.

REGLA 13: LOS TIROS LIBRES

¿Qué debe hacer el árbitro durante la ejecución de un tiro libre?

Para empezar, tendrá que indicar, desde el momento en el que pite para detener el juego, el sentido del tiro libre que acaba de ser concedido.

A continuación, se dirigirá rápidamente al lugar donde será ejecutado el tiro libre. Si fuese indirecto, tendría que levantar el brazo en sentido vertical de manera bien visible.

En el momento en que se cumplan las condiciones requeridas para la ejecución correcta del tiro libre, deberá colocarse en la mejor posición y dar la señal de ejecución. En caso de tiro libre indirecto, el brazo deberá permanecer levantado hasta que otro jugador haya tocado el balón o hasta que el balón esté fuera de juego.

Todo jugador que se precipite hacia delante desde la barrera formada a la distancia mínima de 9,15 m del balón, antes de que el balón haya sido sacado, recibirá una amonestación. En caso de reincidencia, será expulsado.

Si un jugador ha sido amonestado por una falta así, y un segundo jugador del mismo equipo comete la misma falta, también será sancionado con una amonestación. En tales condiciones, el segundo jugador sólo puede ser excluido si ha sido amonestado en el transcurso del mismo partido.

LOS TIROS LIBRES DIRECTOS O INDIRECTOS SE DAN CUANDO:

- El balón está detenido (está en juego desde que se mueve).
- Los jugadores contrarios deben encontrarse a 9,15 m, a menos que se hallen en su propia línea de meta bajo los palos.
- En el área de penalti, el balón se considerará en juego fuera de este área si se trata del equipo defensor.

Es importante que el árbitro coloque la barrera a 9,15 m en el tiro libre. (DR)

REGLA 14: EL PENALTI

Los penaltis en el transcurso del juego

El penalti, en un partido de fútbol, es una grave sanción, un drama en el sentido teatral del término. *Se dicta contra el equipo que comete, en su propia área y cuando el balón está en juego, una de las diez faltas para las que se concede un tiro libre directo.* En ese caso, el gol puede ser marcado directamente. *Debe concederse un tiempo suplementario por un* penalti *que debe ser ejecutado al final de cada periodo de tiempo reglamentario o al final de los dos periodos de la prórroga.*

Las diez faltas son las siguientes:

— dar o intentar dar una patada al contrario;
— hacer o intentar hacer la zancadilla al contrario;
— saltar por encima de un contrario;
— cargar sobre un contrario;
— golpear o intentar golpear a un contrario;
— empujar a un contrario
— dar una patada al adversario antes de tocar el balón;
— sujetar a un contrario;
— escupir a un contrario;
— tocar deliberadamente el balón con las manos, (salvo el guardameta en su propia área de penalti).

Falta del jugador blanco: plancha por detrás. (Fisec/Bourg-en-Bresse, 1994; © Bruno Grelon)

REGLA 14: EL PENALTI

Posiciones del balón y de los jugadores durante la ejecución del penalti

Son las siguientes:

— *el balón está situado en el punto de penalti;*
— *el jugador encargado de lanzar el penalti debe ser claramente identificado;*
— *el guardameta del equipo defensor permanece en su propia línea de meta, frente al encargado de lanzarlo, bajo los palos de la portería, hasta que se haya lanzado el balón;*

Por otra parte, los demás jugadores se encuentran:

— *en los límites del terreno de juego;*
— *fuera del área de penalti;*
— *detrás del punto de penalti;*
— *al menos a 9,15 m del punto de penalti.*

¿Qué hace el árbitro mientras tanto?

No debe dar la señal de lanzar el penalti hasta que los jugadores estén colocados según marca el reglamento y decide el momento en que el penalti debe considerarse ejecutado.

La ejecución del penalti

Se realiza de la manera siguiente:

— *el jugador que ejecuta el penalti lanza el balón en dirección a la portería;*
— *no debe jugar el balón una segunda vez antes de que este haya sido tocado por otro jugador;*
— *el balón está en juego desde que es sacado y se mueve en dirección a la portería contraria.*

Cuando un penalti es ejecutado o debe ser repetido durante el tiempo reglamentario o durante el tiempo adicional previsto al final del periodo o al final del partido para permitir su ejecución o su repetición, el gol se concede si, antes de pasar entre los palos de la portería y bajo el larguero, el balón toca uno u otro de los palos o el larguero o al guardameta.

Infracciones y sanciones

La posición del árbitro es importante. Ha de colocarse de manera que pueda comprobar con atención que el penalti se ha ejecutado con regularidad. Además, debe poder vigilar:

— la posición del guardameta;
— la carrera de impulso del jugador que va a lanzarlo;
— la posición de todos los demás jugadores situados en las proximidades del área de penalti.

Deberá colocarse lateralmente en el área de meta, del lado opuesto al árbitro asistente.

Si el árbitro constata irregularidades después de silbar y antes de que se lance el penalti, debe esperar el final del lanzamiento (sea marcado o no el gol) antes de tomar la decisión que se impone.

LECCIONES DE FÚTBOL: LA GUÍA DEL ARBITRAJE

Escapada del atacante. Puede producirse un duelo con el guardameta. Cuidado en ese caso con el contacto violento. (Fisec/ Bourg-en-Bresse, 1994; © Bruno Grelon)

Si el árbitro ha dado la señal de la ejecución del penalti y, antes de que el balón esté en juego, se producen las situaciones siguientes.

El jugador ejecutor del penalti infringe las reglas del juego:

— el árbitro deja lanzar el penalti;
— si el balón penetra en la portería, se repite el penalti;
— si el balón no penetra en la portería, el penalti no debe tirarse de nuevo.

El guardameta infringe el reglamento:

— el árbitro deja lanzar el penalti;
— si el balón penetra en la portería, se concede el gol;
— si el balón no entra en la portería, el penalti debe repetirse.

Un compañero del mismo equipo penetra en el área de penalti, se coloca frente al punto de penalti, o se acerca a menos de 9,15 m del balón:

— el árbitro deja lanzar el penalti;
— si el balón penetra en la portería, se repite el penalti;
— si el balón no entra en la portería, el penalti no debe volverse a tirar;
— si el balón, después de ser rechazado por el guardameta, un poste o el travesaño es tocado por el mismo jugador, el árbitro interrumpe el juego y reanuda el partido con un tiro libre indirecto a favor del equipo contrario.

Un compañero guardameta penetra en el área de penalti y se coloca frente al punto de penalti o se acerca a menos de 9,15 m del balón:

— el árbitro deja lanzar el penalti;
— si el balón penetra en la portería, se concede el gol;
— si el balón no penetra en la portería, el penalti debe repetirse.

Uno o varios jugadores del equipo defensor y atacante infringen las reglas del juego:

— la ejecución debe repetirse.

Si tras lanzar el penalti, el ejecutante toca el balón una segunda vez (pero no con la mano) antes de que este haya sido tocado por otro jugador, se concede un tiro libre indirecto al equipo contrario, que debe ser ejecutado en el lugar donde se ha cometido la falta.

REGLA 14: EL PENALTI

El balón entra en contacto con un cuerpo extraño durante su trayectoria:

— el penalti debe repetirse.

El balón, tras ser rechazado por el guardameta, un poste o el travesaño, cae en el terreno de juego donde es entonces tocado por un cuerpo extraño:

— el árbitro debe interrumpir el juego;
— el juego se reanuda con un balón a tierra en el lugar donde el balón se encontraba en el momento en que ha sido tocado por un cuerpo extraño.

Los lanzamientos a meta desde el punto de penalti

Los lanzamientos a meta (o de penalti) desde el punto de penalti son un método habitual para determinar el vencedor de un partido cuando el reglamento de la competición exige que haya un equipo victorioso al término de un partido que hubiese finalizado con un empate en el marcador.

El procedimiento

Para empezar, el árbitro escoge la portería a la que se lanzarán los penaltis.

A continuación, procede, con los capitanes, al sorteo del equipo que debe ejecutar el primer lanzamiento.

Seguidamente, el árbitro consigna por escrito el desarrollo de cada lanzamiento a meta.

Por último, los dos equipos ejecutan cada uno de los cinco lanzamientos a meta de acuerdo con las siguientes disposiciones:

— los lanzamientos los ejecuta alternativamente cada equipo;
— si antes de que los dos equipos hayan realizado sus cinco lanzamientos, uno de ellos marca más goles que el otro pueda marcar, incluso acabando su serie de

---

LAS LAMENTACIONES DE UN ÁRBITRO

Durante el campeonato mundial celebrado en Argentina en 1978, Francia fue eliminada en la primera ronda por Argentina. El partido dejó una herida en el corazón de muchos aficionados franceses. Durante el transcurso del partido, el guardameta Bertrand Demanes se lesionó, pero el árbitro, Sr. Dubach, concedió un penalti muy polémico a Argentina por una falta de Marius Trésor. Sin embargo, cuando Six se *tiró*, no se indicó ninguna falta. ¿Qué pensaba el árbitro tras el partido? «Es cierto, después de haber visto varias veces la acción por televisión, me digo que hoy no silbaría el penalti contra Marius Trésor. Pero, ¿sabe?, en el terreno de juego todo sucede muy deprisa. Hay que tomar una decisión en algunos segundos.»

Tras esta dudosa decisión, el Sr. Dubach se ganó la reputación de *árbitro casero*, injusta ciertamente, pero que nunca pudo quitarse debido a su mala posición en el terreno de juego.

LECCIONES DE FÚTBOL: LA GUÍA DEL ARBITRAJE

5. Debe también asegurarse de que el guardameta del equipo del lanzador se mantenga fuera del área de penalti.

6. El árbitro registrará cuidadosamente todos los lanzamientos efectuados.

7. Si dispone de árbitros asistentes neutrales, estos podrán asumir una parte de las tareas: un árbitro asistente colocado en el círculo central organizará la llegada de los jugadores que deben efectuar los lanzamientos a meta; por su parte, el árbitro asistente indicará si el balón ha atravesado la línea de meta o no.

8. Es imprescindible que el conjunto de lanzamientos a puerta se efectúen desde el punto de penalti.

9. Los lanzamientos a meta no forman parte del propio partido. Es sólo un método para decidir el vencedor.

10. Si, en el momento de los lanzamientos a puerta, faltara luz y no se pudiera acabar la sesión, el resultado se decidirá por sorteo.

11. Un jugador lesionado puede quedar exento del lanzamiento a meta.

12. Cada equipo asume la responsabilidad de la elección de los jugadores que efectúen los lanzamientos a meta. La única tarea del árbitro es asegurarse de que son lanzados correctamente.

13. El orden en el que cada jugador ejecutará la segunda serie de lanzamientos no debe ser forzosamente el mismo.

14. Si un jugador ya amonestado comete una segunda contravención sancionable con una amonestación durante los lanzamientos, será expulsado.

15. Si la iluminación del estadio falla después de la prórroga, pero antes de los lanzamientos, y no puede ser reparada en un tiempo razonable, el árbitro decidirá el resultado del partido por sorteo.

16. Un sustituto que no haya participado en el partido, incluido durante las prórrogas eventuales, no puede tomar parte en la sesión de lanzamientos de penaltis, a menos que deba sustituir al guardameta lesionado.

17. Cuando cada equipo haya efectuado diez disparos a puerta, el equipo cuyo jugador ha sido expulsado puede utilizar a un jugador que ya haya realizado un lanzamiento para efectuar el undécimo.

18. Si, al final del partido, algunos jugadores abandonan el terreno de juego y no regresan para ejecutar la tanda de lanzamientos, sin estar lesionados, el árbitro no la autorizará y redactará un informe para las autoridades responsables.

19. Si en el momento del lanzamiento a meta de un penalti durante el juego reglamentario, el balón golpea el poste, el travesaño o al guardameta y penetra luego en la portería, el gol será válido.

REGLA 15: EL SAQUE DE BANDA

El saque de banda es una forma de reanudar el juego.

No se podrá anotar un gol directamente de un saque de banda.

El saque de banda se produce:

— cuando el balón ha atravesado completamente la línea de banda, ya sea por tierra o por aire;
— en el lugar donde el balón ha atravesado la línea de banda;
— para el equipo contrario del jugador que ha tocado en último lugar el balón.

Se han efectuado pruebas para un saque de banda con el pie, pero la International Board decidió no dar curso al procedimiento.

Se constata cada vez más que los saques de banda con la mano van muy lejos, y a veces, cuando se produce en el área de penalti, son como un saque de esquina: el balón es lanzado a 30-35 m al primer palo por ejemplo.

La ejecución del saque de banda

En el momento del saque de banda, el jugador debe:

— *estar de cara al terreno de juego;*
— *tener, al menos parcialmente, los dos pies ya sea en la línea de banda, ya sea en la banda de terreno exterior a la línea,* y como máximo a 1 m de esta línea;
— *sostener el balón con las dos manos;*
— *lanzar el balón desde la nuca y por encima de la cabeza.*

El jugador que efectúa el saque no debe tocar de nuevo el balón antes de que este haya sido tocado por otro jugador. El balón está en juego desde el momento en que penetra en el terreno de juego.

El saque de banda es una fase técnica que parece simple, pero que es difícil en su ejecución. Los partidos infantiles están ahí para mostrárnoslo.

Infracciones y sanciones

La decisión de conceder un saque de banda compete siempre al árbitro. En caso de duda, puede consultar a sus asistentes y seguir sus indicaciones.

Si los asistentes no son oficiales sino miembros de un equipo o jugadores que cumplen esta función, el árbitro deberá tomar la decisión; el deber de los asistentes será entonces simplemente señalar (levantando bien el banderín) que el balón ha atravesado completamente las líneas laterales del terreno de juego.

Saque de banda efectuado por un jugador del campo

Si el balón está en juego, y el jugador que efectúa el saque de banda lo toca una segunda vez antes de que haya sido tocado por otro jugador:

— se concede un tiro libre indirecto al equipo contrario, que debe ejecutarse en el lugar donde se ha cometido la falta.

Si el balón está en juego, y el ejecutante coge intencionadamente el balón con las manos antes de que este haya sido tocado por otro jugador:

— se concede un tiro libre directo al equipo contrario, que debe ser efectuado en el lugar donde se ha cometido la falta;
— se concede penalti si la falta ha sido cometida en el área de penalti del jugador.

Saque de banda efectuado por el guardameta

Si el balón está en juego y el guardameta toca (sea o no con las manos) una segunda vez el balón antes de que este haya sido tocado por otro jugador:

— se concede un tiro libre indirecto al equipo contrario, que será ejecutado en el lugar donde se ha cometido la falta, si el guardameta se encuentra en su propia área de penalti.

Si el balón está en juego y el guardameta coge deliberadamente el balón con las manos antes de que este haya sido tocado por otro jugador:

— se concede un tiro libre directo al equipo contrario cuando la falta se ha cometido fuera del área de penalti del guardameta. Este tiro libre directo debe ser ejecutado en el lugar donde se ha cometido la falta;
— se concede un tiro libre indirecto al equipo contrario cuando la falta ha sido cometida en el área de penalti del guardameta. Este tiro libre indirecto será ejecutado en el lugar donde se ha cometido la falta.

Comportamiento antideportivo

Si el ejecutante del saque de banda es importunado o molestado por un jugador del equipo contrario:

— el jugador del equipo contrario puede ser amonestado con tarjeta amarilla por un comportamiento antideportivo.

Si un jugador que esté efectuando un saque de banda regular lanza voluntariamente y con violencia el balón a la cara de un contrario que se encuentra en el terreno de juego, el árbitro debe expulsar al jugador que ha provocado la falta (tarjeta roja) y se concede un tiro libre directo sobre la línea de banda.

REGLA 15: EL SAQUE DE BANDA

Para toda contravención a esta regla:

— *el saque de banda debe ser lanzado por un jugador del equipo contrario.*

Actualmente, el jugador ya puede levantar los talones en el saque de banda produciéndose así cada vez menos «saques falsos».

Además, en el marco del buen juego, cuando un jugador se encuentra tendido en el suelo, lesionado, el equipo contrario lanza el balón fuera para que pueda ser atendido. Cuando se reanuda el juego, el balón se devuelve normalmente al contrario. Durante el partido Arsenal-Sheffield, en este contexto, los jugadores del Arsenal no devolvieron el balón al contrario (nada los obliga reglamentariamente a hacerlo) y la acción terminó en gol. El entrenador del Arsenal, Arsène Wenger, pidió que «en nombre del código moral» fuera repetido el partido… y así se hizo.

El jugador n.º 9, de blanco, debe ir con cuidado para no cometer falta: no tocar al jugador, no empujarle con la mano, no hacerle plancha con violencia. (Fisec/Bourg-en-Bresse, 1994; © Bruno Grelon)

REGLA 16: EL SAQUE DE META

Se concede un saque de meta al equipo defensor cuando el balón atraviesa completamente la línea de meta contraria, fuera de la parte comprendida bajo los palos, ya sea por aire o por tierra, después de ser tocado en último lugar por un jugador del equipo atacante.

La ejecución del saque de meta

Se saca el balón desde el área de penalti por un jugador del equipo defensor.

Los jugadores del equipo contrario deben mantenerse fuera del área de penalti hasta que el balón esté en juego.

El ejecutante no debe jugar una segunda vez el balón antes de que haya sido tocado por otro jugador.

El balón está en juego desde que ha sido sacado directamente fuera del área de penalti.

Infracciones y sanciones

Si el balón no es sacado directamente fuera del área de penalti:

— repetición del saque de meta.

Saque de meta ejecutado por cualquier jugador, salvo el portero

Si el balón está en juego y el ejecutante lo toca antes que otro jugador:

— se concede un tiro libre indirecto al equipo contrario, que debe ser ejecutado en el lugar donde se ha cometido la falta.

Si el balón está en juego y el ejecutante lo coge deliberadamente con las manos antes de que haya sido tocado por otro jugador:

— se concede un tiro libre directo al equipo contrario, que debe ejecutarse en el lugar donde se ha cometido la falta;
— se pita penalti si la falta se ha cometido en el área de penalti del ejecutor.

Se puede marcar un gol directo contra el equipo adversario.

Saque de meta efectuado por el portero

Si el balón está en juego y el guardameta lo toca una segunda vez (no

REGLA 16: EL SAQUE DE META

con las manos) antes de que este haya sido tocado por otro jugador:

— se concede un tiro libre indirecto al equipo contrario que debe ser ejecutado en el lugar donde se ha cometido la falta.

Si el balón está en juego y el guardameta lo coge deliberadamente con las manos antes de que haya sido tocado por otro jugador:

— *se concede un tiro libre directo al equipo contrario si la falta se ha cometido fuera del área de penalti. Este tiro libre directo debe efectuarse en el lugar donde se ha cometido la falta;*
— *se concede un tiro libre indirecto al equipo contrario si la falta se ha cometido en el área de penalti. Este tiro libre indirecto debe ser efectuado en el lugar donde se ha cometido la falta.*

En caso de cometerse una contravención a esta regla:

— *se deniega el saque.*

Despeje del guardameta. Nótese que ningún jugador le impide realizar su despeje. (Fisec/Bourg-en-Bresse, 1994; © Bruno Grelon)

REGLA 17: EL SAQUE DE ESQUINA (CÓRNER)

El saque de esquina es una de las maneras de reanudar el juego. Se puede marcar un gol directamente de un lanzamiento de saque de esquina, pero sólo contra el equipo contrario.

Se concede un córner cuando:

— *el balón, tocado en último lugar por un jugador del equipo defensor, ha atravesado completamente la línea de meta, ya sea por tierra o por aire, sin que se haya marcado un gol de acuerdo a la* regla 10.

El lanzamiento de saque de esquina

Para empezar, balón deberá colocarse en el arco del círculo del córner más próximo al lugar por donde ha salido.
Sin embargo, el banderín del córner no podrá quitarse bajo ningún concepto.
Los jugadores del equipo contrario deberán mantenerse al menos a 9,15 m del balón hasta que este entre en juego.
El saque deberá hacerlo un jugador del equipo atacante.
El balón entrará en juego en el preciso momento en que haya sido sacado y haya comenzado a moverse.

El ejecutante no debe jugar el balón una segunda vez antes de que este haya sido tocado por otro jugador.

Infracciones y sanciones

Saque de esquina lanzado por un jugador de campo

Si el balón está en juego y el lanzador toca el balón (salvo intencionadamente con las manos) una segunda vez antes de que este haya sido tocado por otro jugador:

— *se concede un tiro libre indirecto al equipo contrario que debe ser ejecutado en el lugar donde se ha cometido la falta.*

El penalti se silbará sólo si el jugador coge intencionadamente el balón en el área de penalti.

Saque de esquina realizado por el guardameta

Si el balón está en juego y el guardameta toca (excepto con las manos) una segunda vez el balón antes de que lo haya tocado otro jugador:

REGLA 17: EL SAQUE DE ESQUINA (CÓRNER)

EL GUARDAMETA Y EL SAQUE DE ESQUINA

No existen reglas precisas en cuanto a la colocación del guardameta en caso de saque de esquina. Este se concede a un equipo cuando el balón, tocado en último lugar por un jugador del otro equipo, atraviesa la línea de meta del terreno de juego. El saque de esquina es lanzado a partir del arco del círculo situado cerca del banderín de córner, como un tiro libre directo.

Cada guardameta puede escoger la colocación que considere más correcta, incluso en función de sus características técnicas y sus cualidades físicas. En cualquier caso, un guardameta no puede neutralizar un córner sin la ayuda de sus compañeros de la defensa. Si el guardameta se siente bastante fuerte y seguro en sus salidas, puede colocar a un compañero del equipo cerca de cada uno de los postes de meta. Así estará libre de salir al centro del área de castigo para atrapar el balón. En caso de desviación o de lanzamientos de los atacantes contrarios, los dos defensas colocados bajo los palos tienen como deber proteger la portería abandonada momentáneamente por su número 1.

En *Lecciones de fútbol. La defensa y el portero*, A. Preda y A. Kuk, *op. cit.*

— se concede un tiro libre indirecto al equipo contrario, que debe lanzarse en el lugar donde se ha cometido la falta.

Si el balón está en juego y el guardameta toca deliberadamente el balón con las manos antes de que haya sido tocado por otro jugador:

— se concede un tiro libre directo al equipo contrario si la falta se ha cometido fuera del área de penalti del guardameta. Este tiro libre directo debe ejecutarse en el lugar donde se ha cometido la falta;

— se concede un tiro libre indirecto al equipo contrario si la falta se ha cometido en el área de penalti del guardameta. Este tiro libre indirecto debe ejecutarse en el lugar donde se ha cometido la falta.

Para cualquier otra contravención a esta regla:

— debe repetirse el saque de esquina.

Contraataque del n.º 8 que intenta pasar entre los centrocampistas. Cuidado con la obstrucción y las planchas. (Fisec/Bourg-en-Bresse, 1994; © Bruno Grelon)

LECCIONES DE FÚTBOL: LA GUÍA DEL ARBITRAJE

COMPRUEBE SUS CONOCIMIENTOS

1. ¿Cuál es el radio del círculo llamado normalmente «círculo central»?

2. ¿Cuál es la distancia que separa los dos postes de la portería?

3. Si en el transcurso de un partido, el balón se daña, ¿de qué manera debe el árbitro reanudar el juego tras remplazar el balón defectuoso?

4. ¿Puede un jugador que ha sido sustituido volver a entrar en el juego?

5. ¿Son obligatorias las espinilleras?

6. ¿De qué manera el árbitro indica a los jugadores (y a los espectadores) que el tiro libre que acaba de silbar es indirecto?

7. ¿A qué altura del terreno de juego un jugador suplente debe entrar en juego?

8. ¿A la altura de qué jugador debe colocarse el árbitro asistente cuando el balón está en juego?

9. ¿De qué manera el árbitro asistente indica que se ha producido un córner?

10. ¿En qué año fue modificada la regla del fuera de juego por segunda vez? ¿En qué circunstancia se produjo?

11. ¿Desde dónde debe lanzarse un tiro libre indirecto concedido tras una falta cometida contra el equipo atacante en el área de penalti?

12. Cuando se produce un tiro libre y se forma una barrera, ¿a qué distancia debe situarse el balón?

13. ¿Puede marcarse directamente un golpe de un saque de meta? ¿De un saque de banda?

14. ¿Puede un jugador antes de realizar un saque de esquina apartar el banderín del córner para facilitar su lanzamiento?

15. ¿Puede realizar un saque de esquina un guardameta?

16. ¿Cuántos pasos, como máximo, puede efectuar un guardameta con el balón entre las manos, antes de lanzarlo?

17. ¿De qué manera un árbitro debe sostener la tarjeta de color cuando inflige una amonestación o una expulsión a un jugador?

Respuestas en la página 129.

PREPARARSE
PARA EL ARBITRAJE

LA PREPARACIÓN DEPORTIVA

Como cualquier deportista, el árbitro de fútbol, cuando practica la competición, debe observar un cierto rigor en su higiene de vida así como en su preparación física y técnica.

En efecto, durante partidos de muy alto nivel, estaría mal visto que el árbitro no fuera capaz de seguir el arranque de un Anelka o de un Zidane. En la noción de «seguir» eso no significa obligatoriamente que el árbitro deba ser capaz de correr tan deprisa como los jugadores sino que debe estar lo suficientemente bien colocado para ver evolucionar al conjunto de participantes. Es la famosa regla de la «diagonal», tan querida en la escuela de arbitraje.

La puesta en forma

Un *footing* diario del orden de 5 a 8 km es indispensable para mantener el aliento. Es obvio que el cigarrillo está completamente prohibido. ¡Es sorprendente sobre este tema que deportistas de muy alto nivel no sean capaces de dejar el tabaco cuando saben perfectamente que el cigarrillo acortará su carrera y su vida!

Además del *footing*, pueden practicarse también ejercicios de gimnasia para reforzar, flexibilizar y estirar los músculos, dando a las articulaciones más movilidad. Ciertos movimientos harán trabajar los músculos que se necesitan específicamente durante el arbitraje de partidos de fútbol. Puede tratarse de movimientos de gimnasia clásica y dinámica, o de posiciones de *stretching* realizables justo antes de las competiciones.

¿Qué es el *stretching*? F. Righini (*Cours photographique du stretching sportif*, Éditions De Vecchi, 1994) nos da el siguiente acercamiento:

«Se puede definir el *stretching* como una forma de gimnasia que intenta estirar la musculatura, es decir, hacerla más móvil, y mejorar la movilidad articulatoria. Pero, paralelamente a esos dos objetivos, su práctica también permite obtener un mejor control muscular —mayor rapidez de contracción, capacidad más fina para utilizar grupos musculares específicos— y un menor gasto de energía. La rapidez de recuperación, tanto del cansancio como de los eventuales traumatismos, se encuentra igualmente acrecentada.

»Además de una mejora del sistema muscular, de los tendones y articulaciones, se obtienen sensibles

LA PREPARACIÓN DEPORTIVA

ventajas en lo que respecta a los sistemas nerviosos, respiratorio y cardiovascular.

»El sistema nervioso no es sólo el instigador de la contracción muscular, se encuentra también en el origen de todas nuestras sensaciones externas —visuales, auditivas, olfativas, táctiles— como internas —sentido del equilibrio, de la posición de los miembros, del movimiento—. La práctica del *stretching* tiene una influencia benéfica en esta función sensorial preparando el cuerpo a la recepción de estímulos y a saber darles respuesta.

»El sistema respiratorio está también implicado directamente en el *stretching*, puesto que este mejora la elasticidad y el tono de los músculos intercostales, del diafragma, de los músculos abdominales y de las numerosas articulaciones de la caja torácica. En consecuencia, se facilita el flujo del aire, en el interior de los pulmones, y se acrecienta la capacidad pulmonar.

»El sistema cardiovascular, finalmente, alimenta todo el cuerpo con oxígeno y nutrientes, y drena los residuos producidos. Además, es fundamental para el enfriamiento corporal, cuando un esfuerzo físico importante o una temperatura ambiente elevada lleva a un estado de sobrecalentamiento. Gracias al *stretching*, se registrará una menor presión muscular en las arterias y en las venas, una mejora del reflujo sanguíneo, una disminución de la tensión y del ritmo cardiaco, una mayor armonía del cuerpo.»

Del inactivo al deportivo

«Se puede dividir a los individuos en tres categorías:

»*a*) los inactivos, que tienen una actividad física completamente insuficiente para mantener una funcionalidad corporal —los que se pasan la mayor parte del día sentados—;

»*b*) los que tienen una actividad física normal, como el paseo, el partido de tenis o cualquier otro ejercicio practicado con moderación una o dos veces por semana;

»*c*) los deportistas que pueden dividirse en dos grupos:

»— los que ejercen una actividad deportiva por placer, para obtener los beneficios tanto físicos como psicológicos;
»— los que practican la competición comprometiendo siempre el máximo de su potencialidad.»

El *stretching*

«Si preserva la funcionalidad corporal del inactivo procurándole la actividad física precisa para una vida normal, el *stretching* ayudará igualmente al deportista cuyo organismo está sometido a un estrés importante a reencontrar rápidamente la forma necesaria para obtener mejores marcas.

»Todo el mundo debe seguir beneficiosamente un programa adaptado al deporte que ejerce.»

¿Cómo y cuándo hacer *stretching*?

«El mejor momento para los deportistas de todos los niveles se sitúa al principio del entrenamiento o antes del partido. La sesión de *stretching* debe ir precedida de un calentamiento, por ejemplo, 10 minutos de carrera de manera que los músculos, los ligamentos y las articulaciones estén calientes: los rozamientos internos disminuirán, la elasticidad muscular y el aumento de flujo sanguíneo favorecerán una mejor alimentación de los músculos. Cuando el esfuerzo que se debe realizar es muy intenso, se practicarán ejercicios de *stretching* que tengan que ver particularmente con los músculos cansados o doloridos.

»Los ejercicios descritos deberán realizarse de la manera más correcta posible: las posiciones que se deben adoptar deben alcanzarse progresivamente de manera que no provoquen contracciones musculares que produzcan el efecto contrario. Una vez que se haya obtenido la posición, esta debe mantenerse durante el tiempo indicado.

»Cada ejercicio se realizará con la máxima intensidad, sin sobrepasar el umbral del dolor, respirando lenta y profundamente para no causar el entumecimiento del cuerpo. Si el ejercicio prevé la repetición de un movimiento, este deberá realizarse con una tensión creciente.

»Se utilizará una ropa que garantice la mayor libertad posible en la ejecución de los movimientos: pies descalzos, un pantalón corto y una camiseta o un chándal, según la temperatura ambiente.»

Las partes del cuerpo que se deben trabajar más especialmente son las siguientes:

— musculatura del antebrazo, parte interna (flexores);
— musculatura dorsal del hombro;
— musculatura dorsal del brazo y del hombro;
— musculatura profunda de la espalda (músculos extensores);
— musculatura de la parte anterior del muslo, del abdomen y de los riñones;
— musculatura de la ingle y el interior del muslo (abductores);
— musculatura de la parte posterior del muslo;
— musculatura de la pantorrilla.

Los ejercicios de *stretching* específicos para la preparación del arbitraje de fútbol

Se ha podido comprobar que el puesto de árbitro exige siempre esfuerzos importantes: hay que unir fuerza y rapidez, agilidad y resistencia. Estas cualidades son difíciles de armonizar, pero el *stretching* puede mejorarlas.

ERRORES QUE DEBEN EVITARSE

1. Evite flexionar y saltar durante el ejercicio. El estiramiento debe ser constante.

2. No supere nunca el umbral del dolor: no debe sufrir durante la realización del ejercicio.

3. No empiece la sesión de *stretching* sin calentamiento.

4. No realice varias cosas a la vez. Una cierta concentración es indispensable.

5. No entre en competición con los demás.

LA PREPARACIÓN DEPORTIVA

LAS PANTORRILLAS

Colóquese frente a una pared. De pie, inclínese hacia delante apoyándose con las manos en la pared; extienda la pierna derecha hacia atrás flexionando la izquierda e inclinándose hacia delante hasta que sienta que la pantorrilla de la pierna derecha se tensa; el pie debe mirar hacia delante sin levantar el talón del suelo. Mantenga la posición durante 15 segundos en cada pierna y repita el ejercicio dos veces.

LAS PIERNAS

De pie, con las piernas ligeramente separadas, adelante la pierna izquierda estirada; flexione ligeramente la pierna derecha, el pie vuelto hacia el exterior. Incline el tronco hacia delante y, cogiendo la pantorrilla izquierda con las dos manos, coloque el tronco contra el muslo.

Estire progresivamente la pierna derecha manteniendo siempre el tronco flexionado hacia delante y la mirada puesta en la cintura para no aplastar las vértebras del cuello.

Mantenga la posición durante 30 segundos y vuelva a empezar con la otra pierna.

LOS MUSLOS: PARTES POSTERIORES Y ANTERIORES

De pie, adelante la pierna izquierda, dóblela y mantenga la pierna derecha estirada hacia atrás; incline el tronco hacia delante hasta que toque el muslo izquierdo, ponga las palmas de las manos en el suelo. El pie derecho debe mantenerse vuelto hacia delante, pero con la punta extendida. Empuje lo más rápido posible la pierna derecha hacia atrás, bajando la pelvis hacia el suelo. Insista durante 20 segundos, dos veces de cada lado.

LOS MUSLOS: PARTES EXTERNAS E INTERNAS

De pie, la pierna izquierda flexionada hacia delante y la pierna derecha estirada hacia atrás, incline el torso hacia delante hasta que toque el muslo izquierdo, ponga las manos planas en el suelo. Gire el pie derecho hacia el exterior colocando su parte externa en el suelo. Empuje la pierna derecha cuanto sea posible hacia detrás bajando la pelvis hacia el suelo.

Realice el ejercicio durante 20 segundos, dos veces de cada lado.

LOS BRAZOS Y LA PARTE SUPERIOR DE LAS CADERAS

De pie, levante los brazos cruzándolos y juntando las palmas de las manos. Los brazos deben estirarse cuanto sea posible, levantando los hombros hacia arriba. Mantenga esta posición durante 15 segundos; efectúe enseguida el mismo ejercicio inclinando el tronco durante 15 segundos, primero hacia la izquierda, después hacia la derecha.

LOS HOMBROS Y LA PARTE SUPERIOR DE LA ESPALDA

De pie, levante el brazo derecho a la altura de los hombros y condúzcalo hacia el hombro izquierdo. Con la mano izquierda empuje con fuerza el codo derecho hacia atrás. Repita el ejercicio a cada lado durante 15 segundos.

Las caderas y las nalgas

Sentado en el suelo, extienda la pierna izquierda, el pie flexionado, y doble la pierna derecha poniendo el pie plano a la izquierda de la rodilla izquierda. Mueva el tronco a la derecha y ponga la palma de la mano derecha en el suelo, apoye el brazo izquierdo en la parte exterior de la rodilla derecha. Insista en la rotación del tronco manteniendo la cabeza vuelta hacia la derecha. Mantenga la posición 20 segundos y vuelva a empezar por el otro lado.

Las pantorrillas, la parte posterior de los muslos y la parte baja de la espalda

Sentado, con las piernas dobladas, coja con las dos manos la punta del pie izquierdo, extienda progresivamente la pierna izquierda manteniendo la derecha doblada y la punta del pie izquierdo vuelta hacia arriba. Aunque no consiga extender completamente la pierna, mantenga de todas formas la posición durante 10 segundos. Cambie de pierna y vuelva a realizar el ejercicio dos veces.

La espalda

»Tumbado boca arriba, con las piernas dobladas, acerque los muslos al pecho y cruce las manos detrás de las rodillas.

Bloquee las piernas en el pecho ayudándose con los brazos. Levante la cabeza e intente colocarla entre las rodillas. Espire lentamente manteniendo la posición durante 5 segundos y repítala cinco veces con una breve pausa entre cada repetición.

La parte superior de la espalda y los hombros

De pie, con las piernas estiradas y ligeramente separadas, levante los brazos e incline el tronco hacia delante horizontalmente poniendo las manos, separadas al mismo nivel de los hombros, en un apoyo. Mantenga la cabeza como si fuera una prolongación del tronco y empuje este hacia abajo sin que haya dolor al nivel de los hombros o de la espalda. Mantenga la posición 5 segundos y vuelva a realizarlo dos veces.

Realice enseguida el mismo ejercicio dos veces con las manos unidas. Mientras dure la presión del tronco hacia abajo, espire lentamente.

Los hombros y el pecho

A cuatro patas, extienda el brazo derecho hacia un lado con la palma de la mano puesta en el suelo. Baje el tronco hasta tocar el suelo con el hombro derecho; el brazo izquierdo debe estar flexionado y sirve de apoyo.

En cada fase, extienda el brazo izquierdo manteniendo, tanto como le sea posible, el hombro derecho en contacto con el suelo. Duración: 20 segundos a cada lado.

LA PREPARACIÓN DEPORTIVA

Ejercicios de gimnasia específicos para un árbitro de fútbol

Aparte de la sesión, sería indispensable que el árbitro mantuviese su forma física con ejercicios de gimnasia apropiados que le permitirán así evitar las lesiones musculares.

1. De pie, con los pies juntos: separe los brazos a la altura de los hombros y salte conservando los hombros y los brazos bien rectos. Mantenga siempre las rodillas ligeramente flexionadas y haga que las puntas de los pies giren primero a la derecha y luego a la izquierda. Repita el ejercicio diez veces. Es aconsejable rotar las caderas de manera continuada en relación con los hombros.

2. Sentado en los talones, con las manos apoyadas en el suelo cerca de los pies: con un saltito estire las piernas a la derecha en prolongación a la línea de su pelvis; vuelva a colocarse en posición central y estire las piernas hacia la izquierda. Después de haber repetido el ejercicio seis veces, descanse levantándose lentamente y vuelva a iniciarlo enseguida, así hasta diez veces.

3. De pie, con las piernas separadas: levante paralelamente los brazos y estírelos hacia la derecha en una diagonal alta, estírelos dos veces hacia atrás: vuelva a colocar los brazos delante y repita el ejercicio diez veces en total.

4. Partiendo de la misma posición que el ejercicio anterior, estire los brazos hacia delante efectuando una torsión a la derecha, a la altura de los hombros, luego a la izquierda, manteniendo el tronco siempre de frente. Para conseguir este efecto, es necesario que la cadera derecha empuje con fuerza hacia la izquierda si la torsión se hace a la derecha, y viceversa. Repítalo diez veces.

5. Partiendo de la misma posición que en el ejercicio anterior: separe los brazos a la altura de los hombros. Toque enseguida el pie izquierdo con la mano derecha mirando la mano izquierda (es decir, levantando la cabeza) que está en alto, inmóvil. Incorpórese completamente y vuelva a empezar por el otro lado. El conjunto del ejercicio debe efectuarse diez veces.

6. De pie, con los pies separados: flexione las rodillas tanto como sea necesario para llegar a tocar la mano derecha pasando por detrás de la pierna, el centro de la línea imaginaria reúne a los dos pies. Incorpórese y repita en el lado izquierdo. Tenga cuidado en no realizar este ejercicio en una superficie resbaladiza, ya que el contacto de los pies con el suelo en el momento en que hay que desequilibrarse hacia atrás es absolutamente esencial. Repítalo diez veces.

7. Alterne el cruce con la torsión hacia atrás: para eso, empiece tocando la punta del pie izquierdo con la mano derecha, inmediatamente después, con la misma mano, el centro de la línea imaginaria que reúne los dos pies pasando por detrás. Repita enseguida el ejercicio con la mano izquierda diez veces en total.

8. De pie, con las piernas juntas: levante la pierna derecha diez veces en total. Poco importa la altura a la que llegue la pierna; lo importante es el trabajo muscular que se realiza.

9. De pie, con las piernas juntas: levante la pierna derecha estirada hacia atrás forzando las nalgas. Haga lo mismo con la pierna izquierda. Repita diez veces en cada pierna.

10. Tendido de espaldas, con las piernas juntas: haga la tijera con las piernas lo más cerca posible del suelo pero sin que la región lumbar sufra.

11. Tendido de espaldas, con las piernas juntas: doble la rodilla derecha hacia el vientre y adelante la cabeza hacia la rodilla intentando tocarla. ¡Cuidado!: no es la rodilla la que va hacia la cabeza, sino al revés. El encuentro debe realizarse en el vientre, con los hombros completamente despegados del suelo. Repita el ejercicio diez veces alternando las piernas.

12. Tendido de espaldas: apoye los codos y las palmas de las manos en el suelo; doble la rodilla derecha hasta que toque el hombro; mantenga esta posición despegue el codo izquierdo del suelo y alargue el brazo de frente. Apoye el codo izquierdo en el suelo y despegue el derecho. Repita todo el ejercicio diez veces.

13. Tendido de lado: lance la pierna superior hacia delante y hacia atrás efectuando un movimiento muy ancho. La mano del brazo libre se apoya en el suelo para mantener el equilibrio. Lance diez veces la pierna derecha y diez veces la pierna izquierda.

EL TEST DE COOPER

Cualquier árbitro que se entrene regularmente, y que esté en buenas condiciones físicas, debe realizar este test en 12 minutos. Es obligatorio para todos los árbitros de la federación. Los comités regionales de árbitros también someterán a prueba a los candidatos. Hay que precisar que este test fue eliminatorio durante el último campeonato mundial para algunos candidatos a árbitros.

	hasta 30 años	de 31 a 35 años	de 36 a 40 años	de 41 a 45 años	de 45 a 48 años
Suficiente	2.600 m o menos	2.550 m o menos	2.450 m o menos	2.350 m o menos	2.350 m o menos
Normal	2.650 m 2.750 m	2.600 m 2.700 m	2.500 m 2.600 m	2.400 m 2.500 m	2.300 m 2.400 m
Bien	2.800 m 2.950 m	2.750 m 2.900 m	2.650 m 2.800 m	2.550 m 2.700 m	2.450 m 2.600 m
Excelente	3.000 m o más	2.950 m o más	2.850 m o más	2.750 m o más	2.650 m o más

LA PREPARACIÓN PSICOLÓGICA

Como cualquier deporte que se practique a alto nivel, el arbitraje necesita una preparación psicológica para un buen rendimiento en competición. Vamos a señalar algunos de los diferentes aspectos psicológicos que el futbolista tiene que dominar si quiere progresar dentro del mudo de la competición. Lo *psicológico* no sustituirá nunca lo *físico* ni lo *técnico*, pero al mismo tiempo marcará la diferencia.

El estrés y la ansiedad

El estrés

Cuando el árbitro se enfrenta a una situación nueva, su organismo reacciona. El estrés no es ni positivo ni negativo en sí mismo, es simplemente la expresión de la reacción del organismo frente a una situación que no puede controlar, de su adaptación o no al cambio que tiene que realizar.

Según los estudios del psicólogo Hans Selye, el estrés se puede definir en tres fases:

— *la reacción de alarma:* en primer lugar, se trata de la aparición de síntomas psicológicos: aceleración del ritmo cardiaco y de la respiración acompañado de una transpiración anormal;
— *la fase de resistencia:* los síntomas de alarma desaparecen. El organismo moviliza sus defensas contra el estrés que lo invade para sobreponerse a esta situación. Si no consigue encontrar su equilibrio, el individuo entra en la tercera fase;
— *la fase de agotamiento:* frente a un estrés persistente, el organismo agota sus fuerzas y sus reservas y se arriesga a hundirse.

Cuando se acerca una competición, el deportista (¡el árbitro lo es!) se siente estresado, señal evidente de que está motivado, ya que no olvidemos que un árbitro de alto nivel está ahí para asegurar el respeto de los valores deportivos y de la ética; el estrés se convierte entonces en una reacción normal de su cuerpo. La manifestación que más se suele observar, como si a todos les pasara lo mismo, es esencialmente física: temblores, manos sudorosas, trastornos intestinales, transpiración anormal, sobre todo en las axilas, aceleración del ritmo cardiaco y de

LECCIONES DE FÚTBOL: LA GUÍA DEL ARBITRAJE

la respiración, dolor de cabeza, etc. Por tanto, es determinante dominar el estrés *positivando* la energía desarrollada.

La ansiedad

La ansiedad es, de hecho, una sensación de malestar que el deportista siente el día de la competición; puede traducirse en nerviosismo, inquietud, tensión miedo...

El árbitro no es ajeno a ella: antes de la competición, sufrirá por parte de su entorno —familiares, mujer o novia, aficionados, amigos— una presión que algunos controlarán mejor o peor. Los que la dominan mal, se arriesgan a *explotar* en el momento fatídico.

Sin embargo, si la ansiedad se manifiesta de una manera suave, esta puede ser útil para el árbitro: mejora sus cualidades y le proporciona la energía necesaria para tomar una decisión difícil, actúa como un *pequeño detonador*.

LOS TICS Y LAS MANÍAS

Para dominar el estrés o la ansiedad, los deportistas tienen a veces que recurrir a tics o a manías a los que atribuyen poderes más o menos *mágicos*. Nos encontramos en el dominio de lo imaginario, lo que podría hacer pasar por neuróticos a quienes se libran a estas prácticas fuera de la competición.

Aprender a dominar el estrés

La imaginación o la visualización

Una de las dificultades del arbitraje reside en la gestión de los movimientos básicos en el espacio en relación con una situación dada: se trata se estar siempre a la altura de cualquier situación. Para combatir todas las inhibiciones psicológicas, el árbitro debe visualizar mentalmente las diferentes fases del juego en función de sus propias debilidades, y en función de los equipos que se enfrentan. Deberá por tanto utilizar la imaginación durante el entrenamiento y durante el encuentro para interpretar el juego de los dos equipos y así poder intervenir en el momento justo.

El entrenamiento mental por observación

Igual que en la visualización, este entrenamiento se basa en la observación continuada de las acciones efectuadas por el mismo árbitro o por otros. El vídeo adquiere aquí gran importancia con la posibilidad, además, de ver las acciones a cámara lenta o incluso de parar la imagen. Este tipo de entrenamiento mental puede ser empleado tanto por árbitros principiantes, que copiarán algunos movimientos, como por árbitros de alto nivel que a veces fallan en algunos movimientos. Las generaciones jóvenes son muy receptivas a este método; no obstante, el árbitro joven debe convencerse de que

LA PREPARACIÓN PSICOLÓGICA

> **VISUALIZACIÓN DE LA REALIDAD**
>
> Todos utilizamos sin saberlo la visualización, ya sea estando despiertos, o durante el sueño mientras estamos dormidos. En este caso la percepción de las imágenes es neta y bien precisa, gracias a ciertos factores: las frecuencias mentales que caracterizan el sueño (ondas alfa, theta, delta), la ausencia de conciencia, los sentidos adormecidos, la disponibilidad emocional, la actividad predominante del hemisferio derecho del cerebro. Todas estas condiciones hacen que durante el sueño, los procesos de visualización sean tan precisos y tan vivos que pueden llegar a confundirse con la realidad. Durante el día, estando despierto, se utiliza inconscientemente la visualización cuando, por ejemplo, se imagina un acontecimiento que no ha ocurrido todavía o cuando uno se acuerda de algo. Sin embargo, las diferentes condiciones físicas y psíquicas y la propia inconsciencia hacen difícil la percepción de estos procesos.
>
> En *Cours de psychodynamique*, M. Screm, Éditions De Vecchi, 1991.

el vídeo es sólo un instrumento de trabajo y no un juego.

La sofrología

La sofrología es la búsqueda del equilibrio entre el cuerpo y la mente. Simplificando, la sofrología permite a cada persona *positivar* los acontecimientos de su vida.

Respecto al arbitraje, este método pone al practicante en una situación de estrés al hacerle recodar una fase del juego en que estuvo en dificultades. Enseguida intentará situar el problema mentalmente, es decir, aportar una solución (decisión demasiado rápida, sanción demasiado dura o no tanto, etc.). Este trámite le ayudará a controlar su estado de estrés cuando se encuentre en el partido en la misma situación.

Algunos jugadores, por ejemplo, tienen *miedo* de ganar; por medio de ejercicios de sofrología pueden conseguir *el arma infalible* en el momento justo. Para ganar, para vencer, el deportista en general debe poner todo su orgullo al servicio de su técnica. Si siempre actúa como un buen chico, nunca será el mejor. Un árbitro de alto nivel debe ser un hombre de carácter, cosa que no gusta a algunos directivos.

Curar los trastornos con oligoelementos

Los oligoelementos constituyen el conjunto de metales que forman parte de la composición de nuestro organismo en una proporción muy pequeña: arsénico, calcio, cromo, cobalto, cobre, hierro, flúor, yodo, litio, magnesio, manganeso, molibdeno, níquel, fósforo, selenio, silicio, sodio, vanadio, zinc. Sin necesidad de acudir a un médico, el deportista podrá atenuar ciertas afecciones benignas gracias a los oligoelementos.

LECCIONES DE FÚTBOL: LA GUÍA DEL ARBITRAJE

Superar la ansiedad

Hemos visto anteriormente que la ansiedad podía considerarse un miedo incontrolado. También podríamos decir que se trata de un desequilibrio nervioso. Además de tener hábitos saludables, se podrá *curar* esta ansiedad con un aporte de manganeso, cobalto y litio si es necesario. El manganeso está presente de una manera natural en algunas frutas y verduras como el arándano, el coco seco, la almendra, el plátano seco, la castaña, las judías secas, la soja y los guisantes.

Superar los tirones musculares

Los tirones musculares pueden deberse a un exceso de esfuerzo y también a un estado de estrés. Se pueden reducir con un aporte de cobre, oro y plata más calcio, magnesio, potasio y fósforo. El cobre se encuentra en las frutas frescas, las gambas y el bogavante; el calcio en los quesos y en otros productos lácteos; el magnesio en el corazón de buey; el potasio en los champiñones y el diente de león; el fósforo en el arenque ahumado, los sesos de cordero o el cacahuete.

Superar la emotividad

Los trastornos unidos a la hiperemotividad son muy perjudiciales para el deportista, pues este no puede enfrentarse a las diferentes situaciones vinculadas a la competición y aparecen en él reacciones excesivas. En este caso, es aconsejable consumir litio.

Superar la fatiga

El deportista de alto nivel, durante un periodo de competición intensa, experimenta un estado de fatiga que no se debe obligatoriamente a un exceso de actividad: integra en la noción de fatiga todos sus problemas tanto técnicos como psicológicos. En este caso, es aconsejable consumir más cobalto, cobre, manganeso, zinc y níquel. Conviene recordar aquí que en la ostra hay grandes cantidades de cobre y zinc, y en la avellana las mayores concentraciones de manganeso.

LA ALIMENTACIÓN

El árbitro de fútbol, como cualquier otro deportista, necesita una alimentación equilibrada que le permita realizar esfuerzos sin agotar sus propias reservas. La alimentación del deportista ha pasado por altibajos: del régimen vegetariano e incluso macrobiótico a una alimentación únicamente a base de carnes rojas. Para no equivocarse, algunos entrenadores, perplejos, decidieron poner a todo el mundo a régimen de «pasta» con la excusa de que los azúcares lentos eran buenos para la salud de los deportistas. Resultado: se generalizó la bulimia sobre todo en los más jóvenes.

Más adelante encontrarán menús tipo, con recetas, para los días que preceden a la competición. Hemos fijado el partido de manera arbitraria en domingo; es a todas luces evidente que si la competición se adelanta al sábado, el plan de los menús se adelantará también un día. Un último detalle referente al desayuno: hemos indicado como bebida café, té o tisana. No hay que olvidar nunca que el café y el té son excitantes y que por ello deben consumirse con moderación. La cantidad de calorías mencionada no comprende ni las bebidas, ni las verduras; estas últimas pueden consumirse sin restricciones, aportan sales minerales y oligoelementos indispensables para el buen equilibrio de la alimentación y la digestión.

Ejemplos de menús antes del partido
(En el caso de que se juegue en domingo.)

VIERNES (2.160 CALORÍAS APROXIMADAMENTE)

DESAYUNO (370 CALORÍAS APROXIMADAMENTE)

- *25 cl de leche descremada, 1 manzana grande, 1 huevo, 20 g de harina, 1/2 sobre de azúcar.*
- *4 mandarinas.*
- *Una bebida caliente: té, café o tisana.*

ALMUERZO (1.030 CALORÍAS APROXIMADAMENTE)

- *Ensalada de cardos con torreznos.*
- *2 costillas de ternera medianas a la plancha.*
- *Pisto de berenjenas con tomates (2 berenjenas grandes, 4 tomates muy maduros, 1 cucharilla de aceite de oliva, sal, pimienta, orégano).*
Corte y quite las semillas de tomates y berenjenas; caliéntelos a fuego bajo en una sartén antiadherente con el aceite de oliva, salpimiente y luego añada el orégano. Tape y deje cocer de 40 a 45 minutos; así se evaporará el agua de las hortalizas.
- *Pastel de arroz con piña preparado el día antes (25 cl de leche descremada, 30 g de arroz redondo preferentemente, vainilla, 4 terrones azúcar, 1 huevo, 1/2 piña).*
Eche la vainilla en la leche y llévelas a ebullición; añada el arroz y el azúcar y manténgalo todo a fuego bajo durante 25 a 30 minutos. Deje enfriar y añada el huevo batido en la preparación. Corte la piña a trocitos, mézclelo todo y viértalo en un molde antiadherente. Póngalo en el horno precalentado a 180 °C durante 35 minutos aproximadamente. Deje enfriar y retire el molde.

MERIENDA (170 CALORÍAS APROXIMADAMENTE)

- *Yogur con plátano (1 plátano cortado en rodajas mezclado con el yogur).*

CENA (590 CALORÍAS APROXIMADAMENTE)

- *Sopa de legumbres (judías verdes, calabacín, zanahoria, puerros, apio).*
- *Quiche (40 g de harina, 1 huevo, 25 cl de lecha descremada, 40 g de jamón, setas variadas, sal, pimienta, 1 cucharilla de crema de leche, queso gruyere rallado).*
Mezcle todos los ingredientes (menos el queso) en el orden indicado, luego viértalo todo en el molde ligeramente untado con margarina. Salpimiente el queso y métalo en el horno precalentado a 180 °C durante aproximadamente 30 minutos.
- *Ensalada verde con cebolla y perifollo.*
- *1 pera a las tres especias (1 pera, jengibre, cardamomo, canela).*
Disponga la pera en una cazuela, vierta 1 vaso de agua y espolvoree las tres especias (un pellizco de cada). Caliente a fuego suave: la pera estará cocida cuando se vea transparente (deberá quedar un poco de jugo.

LA ALIMENTACIÓN

SÁBADO (3.245 CALORÍAS APROXIMADAMENTE)

DESAYUNO (490 CALORÍAS APROXIMADAMENTE)

- *Pastel de sémola con pasas, preparado el día antes (25 cl de leche descremada, 1/2 sobre de azúcar, 50 g de sémola, 20 g de pasas).* Hierva la leche con el azúcar y la sémola, viértalo todo sobre las pasas en un bol y deje enfriar hasta el día siguiente.

- *2 kiwis.*

- *Bebida caliente: té, café o tisana.*

ALMUERZO (1.240 CALORÍAS APROXIMADAMENTE)

- *Ensalada de zanahoria rallada (con un cuarto de manzana rallada, 1 endibia cruda y un par de nueces).*

- *Rodaja de merluza a la crema y estragón (1 rodaja de merluza de 210 g aproximadamente, 2 cucharillas de crema fresca, sal, pimienta, estragón).* Haga cocer el pescado durante unos 10 minutos, luego métalo en el horno a 90 °C algunos minutos para mantenerlo caliente. Cubra la rodaja con crema fresca, salpimiente y luego añádale el estragón.

- *Arroz a la indiana (150 g de arroz crudo, 1 cucharadita de margarina).* Saltee el arroz en la margarina. Cuando esté dorado, cúbralo con agua hirviendo salada y deje cocer para que esté *al dente*.

- *Ensalada de cuatro frutas (uva blanca, uva negra, 1/2 naranja, 1 albaricoque).*

MERIENDA (360 CALORÍAS APROXIMADAMENTE)

- *1 yogur con miel (2 cucharaditas de miel líquida, todo mezclado).*

- *25 cl de leche con cacao (en polvo).*

CENA (1.155 CALORÍAS APROXIMADAMENTE)

- *Ensaladas (achicoria roja, verde, hoja de roble).*

- *Espaguetis con hígado (75 g de espaguetis crudos, 240 g de hígado de conejo y pollo, margarina, 1 o 2 tomates, 1/2 pimiento rojo, sal, pimienta, albahaca).*
Deje cocer los espaguetis en agua hirviendo salada, retire el agua y manténgalos calientes. Escalde los hígados de conejo y pollo, retíreles el agua, saltéelos con un poco de margarina caliente y manténgalos calientes. En la misma sartén, ponga a cocer los tomates cortados en dados y el pimiento cortado a tiras finas, salpimiente y añada un poco de albahaca. Viértalo todo sobre los espaguetis.

- *Mousse de queso blanco con pasas y ron (120 g de queso blanco al 40 % de MG, 20 g de pasas, 2 cucharaditas de ron).*
El día antes o unas horas antes de utilizarlos, ponga las pasas en un bol de agua para que se hinchen.
Caliente el ron y viértalo sobre las pasas con agua; flamee. Bata el queso blanco y mézclelo todo. Tómelo frío.

LECCIONES DE FÚTBOL: LA GUÍA DEL ARBITRAJE

DOMINGO (4.050 CALORÍAS APROXIMADAMENTE)

Desayuno (500 calorías aproximadamente)

- *2 naranjas.*

- *2 crepes de plátano (60 g de copos de avena, 25 cl de leche descremada, 1 huevo, 1 plátano, 1/2 sobre de azúcar, margarina).*
La víspera, vierta la leche en los copos de avena y deje reposar. Por la mañana añada el huevo batido y el plátano cortado en rodajas. Haga cocer la pasta así preparada en una sartén con margarina, a fuego suave luego gratine las crepes durante 2 o 3 minutos después de espolvorearlas con el azúcar.

- *Bebida caliente: té, café o tisana.*

Almuerzo (antes del partido) (1.500 calorías aproximadamente)

- *1/2 pomelo rosa.*

- *Ensalada de lentejas (aproximadamente 160 g de lentejas cocidas, con 1 cebolla y una zanahoria cortada a trocitos).*

- *Lasaña (250 g de pasta de lasaña precocinadas 100 g de miga de pan, 12,5 cl de leche descremada, 1 huevo, setas variadas, sal, pimienta, perejil, tomates pelados, 50 g de queso gruyére rallado).*
Para el relleno, mezcle la miga de pan con la leche, añada el huevo batido, la sal, la pimienta, el perejil, y algunas setas. En una bandeja de horno, disponga una capa de láminas de lasaña, luego una capa de relleno. Repita las dos capas y acabe con una capa de láminas. Cubra con los tomates pelados, esparza el queso rallado y hágalo cocer a fuego medio en el horno durante unos 20 o 25 minutos.

Cena (después del partido) (2.050 calorías aproximadamente)

- *Sopa de cebolla con trocitos de queso.*

- *Goulash de buey (para 2 personas: 800 g de buey, 800 g de cebollas, ajo (opcional), 2 cucharaditas de cayena, orégano, comino, sal, pimienta, hierbas (tomillo, romero, 1 hoja de laurel, bote pequeño de concentrado de tomate, margarina).*
Pele y corte las cebollas; rehóguelas en la sartén con la margarina y el ajo; añada la cayena, el orégano, el comino, un poco de pimienta y las hierbas. Diluya el concentrado de tomate en un poco de agua y vierta sobre las cebollas. Deje cocer a fuego lento durante 15 minutos. Añada la carne cortada en dados, añada poca sal, cúbralo y deje cocer durante 1 hora a fuego muy lento.
Presente la carne junto a los espaguetis.

- *Espaguetis (unos 100 g, crudos).*

- *Pastel de castañas y chocolate preparado la víspera (para 6 personas: 800 g de castañas frescas peladas, 160 g de chocolate, 4 cucharaditas de crema de leche fresca, 1 sobre de azúcar).*
Triture las castañas hasta conseguir un puré. Funda el chocolate al baño María con la crema y el azúcar. Añada el preparado al puré de castañas, dispóngalo todo en un molde y déjelo en la nevera hasta el momento de servir. Puede acompañar el pastel con una crema inglesa.

LA IMPORTANCIA DEL JUEGO LIMPIO

A modo de conclusión de este libro, habría que indicar que el arbitraje en materia de fútbol, e incluso en otros deportes, debe ser una especie de filosofía. El árbitro no es un policía que sólo reprime con el silbato. El árbitro debe ser un miembro del partido, el que previene antes de sancionar, el que goza estando presente en el terreno de juego en medio de 22 jugadores. Desde mi punto de vista, un buen árbitro es aquel al que se ve lo menos posible pero que está siempre presente en el momento justo. De hecho, cuanto más juego limpio haya en las acciones de los futbolistas, menos intervendrá el árbitro. Respecto a la desaparición del árbitro, ¡no es algo que vaya a suceder de un día para otro!

Tres palabras clave para conseguir un juego limpio

Compañerismo

El fútbol se juega con 23 protagonistas en el terreno. En efecto, jugadores y árbitro deben ser compañeros antes que adversarios si quieren progresar en su deporte.

Sanción y respeto hacia lo que se juzga

Los árbitros son hombres y a veces pueden equivocarse. Sin embargo, cuando deciden sancionar lo hacen en cuerpo y alma. Hay que respetar lo que se ha juzgado, aunque algunas veces la sanción parezca dura e incluso injusta.

Didier Deschamps, un centrocampista que practica el juego limpio

 **LECCIONES DE FÚTBOL: LA GUÍA DEL ARBITRAJE**

**RECUERDO DEL CAMPEONATO MUNDIAL
DE 1986 CELEBRADO EN MÉXICO**

El 13 de junio de aquel año saqué, por casualidad, una tarjeta roja después de sólo cincuenta y tres segundos de juego por una entrada durísima por detrás. Battista, un centrocampista decisivo, echó hacia adelante los tacos de sus botas a las piernas del capitán, el escocés Strachan. En aquel terreno de juego seco, a la hora de la comida y ante las tribunas prácticamente vacías, sentí como un escalofrío que recorría todo el estadio. Un estupor que redujo a los espectadores y jugadores al silencio.

   La historia del campeonato mundial lo registrará como un récord. A pesar de no quererlo, me vi envuelto en un acontecimiento inesperado. La acción de Battista fue una mancha roja en ese Mundial festivo. En este caso, no hice más que cumplir con mi deber expresándolo así. A todas luces era la solución que se imponía.

En *Libre Arbitre*, Joël Quiniou, Éditions TFI, pág. 20, 1996.

Placer

No puede entenderse el fútbol, y de hecho no existe, sin la sensación de placer. Es cierto que la llegada cada vez más frecuente de dinero al fútbol ha ocultado más o menos esta sensación. No olvidemos esos grandes equipos de fútbol que cuentan con enormes presupuestos y que parecen aburrirse en el terreno de juego.

A modo de conclusión

¡Viva el arbitraje!

Hemos llegado a un punto en que el fútbol moderno es demasiado importante como para que el arbitraje no evolucione. En efecto, tanto a alto nivel como a niveles inferiores, grandes cantidades de dinero están en juego en cada partido. Por tanto, podemos pensar que, como en el

---

¿EXISTE UNA FILOSOFÍA DEL DEPORTE?

¿Puede hablarse de una filosofía deportiva en general? ¿Y del fútbol en particular?

   Siguiendo al barón de Coubertin, para quien el deporte se compendiaba en la expresión «más rápido, más alto, más lejos», diremos que el deporte en general y el fútbol en particular son fuentes del desarrollo físico y moral y permiten acendrar los valores de compañerismo y abnegación, tan importantes para el juego en equipo. ¿Qué puede ser mejor para un chico, hijo único tal vez, que encontrar el apoyo de un equipo en donde debe colaborar en pos del bien común?

LA IMPORTANCIA DEL JUEGO LIMPIO

tenis, nos dirigiremos poco a poco hacia un cuerpo arbitral profesional. En cuanto a la llegada del vídeo, todavía hace falta saber si su aparición no se tratará más que de una fuente de controversia suplementaria que de otra cosa.

Pero pensemos también en los miles de partidos que se celebran cada domingo en cualquier país. Estos son arbitrados por amantes del fútbol que serán siempre acusados con insultos. Es necesario que los educadores enseñen a los jóvenes jugadores el respeto hacia el árbitro y sus decisiones, y que también favorezcan la vocación para que desde los 12 o los 13 años los jóvenes jugadores, chicos y chicas, se decidan por el arbitraje.

Tampoco creo en la reconversión de futbolistas de alto nivel en árbitros, simplemente por edad. Hace unos años se intentó un experimento de este tipo en balonmano, pero se saldó con un fracaso.

El arbitraje español es un arbitraje de referencia, es necesario que todos los jugadores de alto nivel se convenzan de ello.

LECCIONES DE FÚTBOL: LA GUÍA DEL ARBITRAJE

¿SERÍA USTED UN BUEN ÁRBITRO?
18 PREGUNTAS PARA COMPROBAR SUS CONOCIMIENTOS

Antes de responder, lea atentamente cada pregunta, pues en más de una el enunciado entraña una pequeña trampa. Si no sabe la respuesta, consulte la página que se indica. Si es capaz de contestar a todas las preguntas, ¡inscríbase rápidamente en un curso de arbitraje!

1. ¿Cuáles son las dimensiones de un terreno de juego (máxima, mínima)?
(Véase la respuesta en la pág. 18.)

2. ¿Cuál es el peso y la circunferencia de un balón? ¿Quién lo proporciona?
(Véase la respuesta en la pág. 23.)

3. Un equipo está compuesto por once jugadores, entre ellos un guardameta, pero ¿cuántos pueden participar en un partido? ¿Con cuántos jugadores como mínimo puede seguir jugando un equipo?
(Véase la respuesta en la pág. 26.)

4. ¿De qué color debe ser la camiseta de un guardameta?
(Véase la respuesta en la pág. 31.)

5. ¿Qué debe hacer el árbitro antes y después del partido?
(Véase la respuesta en las págs. 34-43.)

6. ¿Cuáles son las obligaciones de los árbitros asistentes? ¿Puede desarrollarse un partido oficial sin ellos? ¿Cuál sustituye al árbitro en caso de que este se lesione?
(Véase la respuesta en las págs. 44-53.)

7. ¿Cuáles son las categorías de los jugadores? ¿Cuánto dura un partido?
(Véase la respuesta en la pág. 54-56.)

8. ¿Con qué acción empieza un partido? ¿Qué particularidad presenta esta acción?
(Véase la respuesta en la pág. 57.)

9. En un lanzamiento a meta, el balón toca al árbitro y entra en la red. ¿El árbitro validará el gol marcado así?
(Véase la respuesta en la pág. 59.)

10. ¿Cuáles son los saques que pueden derivar en un gol marcado directamente, sin que el balón sea tocado por un jugador distinto al que ha efectuado el saque?
(Véase la respuesta en las págs. 57 y 106.)

11. ¿En qué momento el árbitro considera que un jugador está en fuera de juego? ¿Un atacante que se encuentre frente al guardameta en la misma línea que un defensor puede ser penalizado con fuera de juego?
(Véase la respuesta en la pág. 63.)

LA IMPORTANCIA DEL JUEGO LIMPIO

12. Cite las diez faltas importantes que son la base de la regla 12.
(Véase la respuesta en la pág. 84.)

13. ¿Cuáles son los nueve casos en que los tiros libres podrán ser silbados contra el equipo defensor en el área de castigo?
(Véase la respuesta en la pág. 85.)

14. ¿Cuáles son las diez faltas penalizadas con penalti?
(Véase la respuesta en la pág. 94.)

15. ¿Cómo debe estar colocado un jugador durante un saque de banda? ¿Perpendicularmente o paralelamente a la línea de banda?
(Véase la respuesta en la pág. 101.)

16. En un saque de meta, el jugador lanza el balón de tal manera que este no sobrepasa el área de castigo. ¿Qué hace el árbitro?
(Véase la respuesta en la pág. 104.)

17. ¿Por qué un jugador colocado en la línea de meta no está fuera de juego si recibe directamente el balón desde el córner?
(Véase la respuesta en la pág. 63.)

18. ¿Cuál es la sanción mínima que se inflige a un jugador después de una expulsión?
(Véase la respuesta en la pág. 86.)

RESPUESTAS A LAS PREGUNTAS DEL TEST DE LA PÁGINA 108

Las reglas del juego comentadas

1. 9,15 cm.
2. 7,32 cm.
3. Con un balón a tierra.
4. No.
5. Sí.
6. Levantando el brazo por encima de la cabeza hasta el lanzamiento del tiro libre.
7. Al nivel de la línea media.
8. A la altura del penúltimo defensor.
9. Apuntando la bandera en dirección al banderín de córner.
10. En 1990, con motivo del Mundial disputado en Italia.
11. El tiro libre indirecto debe lanzarse sobre la línea del área de meta paralela a la línea de meta, en el punto más próximo del lugar en que se ha cometido la falta.
12. A 9,15 m, por lo menos.
13. Sí, en los dos casos.
14. No.
15. Sí.
16. Cuatro.
17. El árbitro debe tener la tarjeta, amarilla o roja, en la mano y el juego debe detenerse.

ANEXOS

EL CÓDIGO DISCIPLINARIO

© FIFA/IFAB - 1998
(editado por la FIFA y reproducido con su autorización)

BAREMO DE SANCIONES RELATIVAS AL COMPORTAMIENTO ANTIDEPORTIVO

Este código no tiene en cuenta las sanciones complementarias que podrían añadirse a raíz de las circunstancias en las que se han cometido las faltas.

I. LOS JUGADORES

I.1. Faltas merecedoras de una advertencia

Definición: las faltas merecedoras de una advertencia son las que se definen en las reglas de juego en vigor.

I.1.1. Durante el encuentro

La advertencia infligida durante un encuentro se confirma.

Una segunda advertencia recibida en un segundo encuentro conlleva la suspensión de un partido con la sentencia en suspenso.

Una tercera advertencia recibida en otro partido conlleva la suspensión de un partido en firme.

No es necesario ningún plazo de prescripción entre cada advertencia.

I.1.2. Fuera del encuentro

Cualquier falta susceptible de ser sancionada con una amonestación, si esta ha tenido lugar durante dicho encuentro, se sanciona con un partido de suspensión en firme. La reincidencia conlleva dos partidos de suspensión en firme.

El plazo de prescripción de un mes se calcula de fecha en fecha, a contar a partir de la fecha de efecto de la suspensión, sin tener en cuenta los periodos de descanso o entre temporadas.

I.2. Faltas merecedoras de una expulsión

Definición: las faltas merecedoras de una expulsión son las que se definen en las reglas del juego en vigor.

I.2.1. Durante el encuentro

La expulsión de un jugador se sanciona como mínimo y automáticamente con un partido de suspensión en firme.

Cada reincidencia en un plazo inferior o igual a tres meses se sanciona como mínimo y automáticamente con dos partidos de suspensión en firme.

I.2.2. Fuera del encuentro

Dos partidos de suspensión en firme como mínimo.

EL CÓDIGO DISCIPLINARIO

En caso de reincidencia en un plazo inferior o igual a tres meses: cuatro partidos de suspensión en firme como mínimo.

El plazo de prescripción de tres meses se calcula de fecha en fecha, a contar a partir de la fecha de la suspensión, sin tener en cuenta periodos de descanso o entre temporadas.

I.3. Palabras injuriosas dirigidas a un árbitro

Definición: se consideran árbitros, según el artículo 150, párrafo 2 del reglamento general, a aquellos que actúan en calidad de árbitro, árbitro asistente o delegado con motivo de un encuentro oficial u organizado según el reglamento general.

I.3.1. DURANTE EL ENCUENTRO

Dos partidos de suspensión en firme como mínimo.

En caso de reincidencia en un plazo inferior o igual a seis meses: seis partidos de suspensión en firme como mínimo.

El plazo de prescripción de seis meses se calcula de fecha en fecha, a contar a partir de la fecha de efecto de la suspensión; tiene en cuenta el periodo de descanso o entre temporadas.

I.4. Gestos obscenos

I.4.1. A UN ÁRBITRO

Si se realizan durante el encuentro, se dictaminarán cinco partidos de suspensión en firme como mínimo. En caso de reincidencia en un plazo inferior o igual a seis meses: tres meses de suspensión en firme como mínimo.

Si se realizan fuera del encuentro, se dictaminarán dos partidos de suspensión en firme como mínimo. En caso de reincidencia en un plazo inferior o igual a seis meses: cuatro partidos de suspensión en firme como mínimo.

I.4.2. A UN JUGADOR, DIRIGENTE, EDUCADOR O ENTRENADOR

Si se realizan durante el encuentro, dos partidos de suspensión en firme como mínimo, cualquiera que sean las sanciones unidas a la expulsión del jugador. En caso de reincidencia en un plazo inferior o igual a seis meses: tres meses de suspensión en firme como mínimo.

Si se realizan fuera del encuentro, se dictaminarán tres partidos de suspensión en firme como mínimo. En caso de reincidencia en un plazo inferior o igual a seis meses: cinco partidos de suspensión en firme como mínimo.

I.5. Empujón voluntario, conatos de golpes, esputos

I.5.1. A UN ÁRBITRO

Si se realizan durante el encuentro, se dictaminarán seis meses de suspensión en firme, susceptibles de agravarse, según la apreciación de los hechos, con una pena que podría ajustarse con la sentencia en suspenso.

En caso de reincidencia durante el año de recalificación: un año de suspensión en firme.

Si se realizan fuera del encuentro, se dictaminará un año de suspensión en firme y susceptible de ser agravada, según apreciación de los hechos, con una pena en suspenso. En caso de reincidencia durante el año de recalificación: dos años de suspensión en firme.

I.5.2. A UN DIRECTIVO, ENTRENADOR O EDUCADOR

Si se realizan durante el encuentro, se dictaminarán tres partidos de suspensión en firme como mínimo, sin tener en cuenta las sanciones relacionadas con la expulsión del jugador. En caso de reincidencia en un plazo de tres meses: cinco partidos de suspensión en firme como mínimo.

Si se realizan fuera del encuentro, se dictaminarán cuatro partidos de suspensión en firme como mínimo. En caso de reincidencia en un plazo de seis meses: seis partidos de suspensión en firme como mínimo.

I.5.3. A UN JUGADOR

Si se realizan durante el encuentro, se dictaminarán dos partidos de suspensión en firme como mínimo. En caso de reincidencia en un plazo de tres meses: cuatro partidos de suspensión en firme como mínimo.

Si se realizan fuera del encuentro, se dictaminarán tres partidos de suspensión en firme como mínimo. En caso de reincidencia en un plazo de seis meses, se sancionará con cinco partidos de suspensión en firme como mínimo.

El año de recalificación se calcula de fecha a fecha a partir de la suspensión. El plazo de prescripción se calcula de fecha a fecha a partir de la fecha de efecto de la suspensión.

I.6. Golpes voluntarios que no comporten lesión (avalado por un certificado médico)

I.6.1. AL ÁRBITRO

Si se realizan durante el encuentro, el jugador que comete la falta es sancionado con dos años de suspensión en firme y puede agravarse, según la apreciación de los hechos, con una pena en suspenso. En el caso de que reincidan en el año de recalificación: cinco años de suspensión en firme como mínimo.

Si se realizan fuera del encuentro, se dictaminarán tres años de suspensión en firme, que puede agravarse con una pena en suspenso. En caso de reincidencia en los dos años siguientes a la fecha de recalificación: expulsión de por vida con solicitud de extensión de esta sanción a todas las demás federaciones deportivas.

La gravedad del acto se somete a la apreciación de la comisión disciplinaria. El club del jugador que ha cometido la falta pierde el partido por penaltis (0 a 3) y se le sustraen entre 1 y 4 puntos.

En caso de no asistencia, el capitán del club será sancionado con cuatro partidos de suspensión en firme si hubiese podido intervenir en el momento de los incidentes.

I.6.2. A UN JUGADOR, DIRECTIVO, ENTRENADOR O EDUCADOR

El jugador que ha cometido la falta es sancionado con tres partidos de suspensión en firme, que puede agravarse con una pena de suspenso. En caso de reincidencia en los dos años siguientes a la fecha de recalificación: cuatro partidos de suspensión en firme como mínimo.

I.7. Golpes voluntarios con lesión que comporten una incapacidad laboral

I.7.1. A UN ÁRBITRO

El jugador que comete la falta es sancionado con cinco años de suspensión en firme, que puede gravarse con una pena de suspenso. En caso de reincidencia en los dos años siguientes a la fecha de recalificación, se le expulsará de por vida con solicitud de extensión de esta sanción a todas las demás federaciones deportivas.

La gravedad de las circunstancias del acto se someterá a la apreciación de una comisión disciplinaria. El club del jugador que ha cometido la falta pierde el partido por penaltis (0 a 3) y se le sustraen 5 puntos.

En caso de no asistencia, el capitán del club será sancionado con cuatro partidos de suspensión en firme si hubiese podido intervenir en el momento de los incidentes.

I.7.2. A UN JUGADOR, DIRECTIVO, ENTRENADOR O EDUCADOR

El jugador que ha cometido la falta es sancionado con ocho partidos de suspensión en firme y susceptible de ser agravada,

EL CÓDIGO DISCIPLINARIO

según apreciación de los hechos, con una pena en suspenso. En caso de reincidencia en los dos años siguientes a la fecha de recalificación: un año de suspensión en firme.

II. LOS DIRECTIVOS, EDUCADORES Y ENTRENADORES

II.1. Conducta inadecuada respecto a un árbitro que no conlleve la expulsión del banquillo

Si se realiza durante el encuentro, al directivo, educador o entrenador que cometa la falta se le llamará al orden. En caso de reincidencia en un plazo inferior o igual a un mes: un partido de suspensión en firme.

Toda conducta inadecuada fuera del encuentro es sancionada con un partido de suspensión en firme como mínimo y, en caso de reincidencia en un plazo inferior o igual a un mes, con dos partidos de suspensión en firme como mínimo.

II.2. Conducta inadecuada repetida respecto a un árbitro que conlleve la expulsión del banquillo

El directivo, educador o entrenador que comete la falta es sancionado con dos partidos de suspensión en firme como mínimo y, en caso de reincidencia en un plazo inferior o igual a dos meses, un mes o cuatro partidos de suspensión en firme como mínimo.

II.3. Excesos verbales dirigidos a un árbitro

Si se realiza durante el encuentro, se dictaminan dos partidos de suspensión en firme como mínimo y, en caso de reincidencia, un mes o cuatro partidos de suspensión en firme como mínimo.

Todo exceso verbal fuera del encuentro, será sancionado con un mes o cuatro partidos de suspensión en firme y, en caso de reincidencia en un periodo inferior o igual a tres meses, dos meses u ocho partidos de suspensión en firme.

II.4. Insultos a un árbitro

Si se realiza durante el encuentro, el directivo, educador o entrenador que comete la falta es sancionado con dos meses u ocho partidos de suspensión en firme como mínimo. En caso de reincidencia en un plazo inferior o igual a seis meses, se le suspenderá en firme durante tres meses o doce partidos como mínimo.

Si se realiza fuera del encuentro, se le suspenderá en firme durante tres meses o doce partidos como mínimo. Si reincide en un plazo inferior o igual a seis meses, se le suspenderá en firme durante cuatro meses como mínimo.

II.5. Amenazas, actitud agresiva y gestos obscenos

II.5.1. A UN ÁRBITRO

Si se realiza durante el encuentro, el directivo, educador o entrenador que comete la falta es sancionado con tres meses de suspensión en firme como mínimo. Si reincide en un plazo inferior o igual a un año, se le suspenderá en firme durante cinco meses.

Si se realiza fuera del encuentro, se le suspenderá en firme durante cuatro meses como mínimo. Si reincide en un plazo inferior o igual a un año, se le suspenderá en firme durante siete meses.

II.5.2. A UN JUGADOR, DIRECTIVO, EDUCADOR O ENTRENADOR

Si se realiza durante el encuentro, el directivo, educador o entrenador que comete la falta es sancionado con cuatro partidos de suspensión en firme como mínimo. Si reincide en un plazo inferior o igual a un año, se le suspenderá en firme durante dos meses u ocho partidos como mínimo.

Si se realiza fuera del encuentro, se le suspenderá en firme durante seis partidos.

Si reincide en un plazo inferior o igual a un año, se le suspenderá en firme durante tres meses o doce partidos como mínimo.

II.6. Empujón voluntario, intentos de agresiones, esputos

II.6.1. A un árbitro

Si se lleva a cabo en el encuentro, se le suspenderá en firme durante seis meses. Dicha sanción puede agravarse con una pena en suspenso. Toda reincidencia en el año de recalificación conllevará automáticamente un año de suspensión en firme.

Si se lleva a cabo fuera del encuentro, se le suspenderá en firme durante un año.

II.6.2. A un jugador, directivo, educador o entrenador

Si ocurre en el encuentro, quien cometa la falta será sancionado con dos meses u ocho partidos de suspensión en firme. Si reincide antes de un año: tres meses o doce partidos de suspensión en firme.

Si se realiza fuera del encuentro, se le sancionará con tres meses o doce partidos de suspensión en firme. Dicha sanción puede agravarse con una prórroga complementaria según las circunstancias del incidente. En caso de reincidencia en el año de recalificación, se le suspenderá en firme otro año más.

II.7. Golpes voluntarios que no comporten lesión (avalado por un certificado médico)

II.7.1. A un árbitro

Si se lleva a cabo durante el encuentro, quien cometa la falta será sancionado con dos años de suspensión en firme. Si reincide en los dos años de recalificación, se le suspenderá en firme otros cinco.

Si se realiza fuera del encuentro, se le suspenderá en firme tres años. Si reincide en los dos años siguientes, se le suspenderá en firme durante otros seis.

La gravedad del acto se somete a la apreciación de la comisión disciplinaria. El club del jugador que ha cometido la falta pierde el partido por penaltis (0 a 3) y se le sustraen entre 1 y 4 puntos.

II.7.2. A un jugador, directivo, educador o entrenador

Si se lleva a cabo en el encuentro, quien cometa la falta es suspendido en firme durante tres meses o doce partidos. Si reincide en un plazo igual o inferior a tres meses, se le suspenderá en firme durante un año como mínimo.

Si se lleva a cabo fuera del encuentro, se le suspenderá en firme durante tres años de suspensión. Si reincide en un plazo igual o inferior a tres meses, se le suspenderá en firme durante dos años como mínimo.

II.8. Golpes con lesión que comporten una incapacidad laboral

II.8.1. Al árbitro

Quien cometa la falta será suspendido en falta durante seis meses. En el caso de que reincidiese en el año de recalificación, se le expulsará de por vida.

La gravedad del acto se somete a la apreciación de la comisión disciplinaria. El club del jugador que ha cometido la falta pierde el partido por penaltis (0 a 3) y se le sustraen 5 puntos.

II.8.2. A un jugador, directivo, educador o entrenador

Quien cometa la falta será suspendido en firme durante un año. En el caso de que reincidiese en los dos años siguientes, se le suspenderá como mínimo otros dos.

REGLAS DEL JUEGO OFICIALES DE LA INTERNATIONAL FOOTBALL ASSOCIATION BOARD (FIFA)

© FIFA/IFAB – 1998
(Editadas por la FIFA y reproducidas con su autorización)

REGLA 1: EL TERRENO DE JUEGO

Dimensiones

El terreno de juego será rectangular. La longitud de la línea de banda deberá ser superior a la longitud de la línea de meta.

La longitud será de 90 m (mínimo) y de 120 m (máximo). La anchura, será de 45 m (mínimo) y de 90 m (máximo).

En partidos internacionales, el campo medirá 100 m (mínimo) y 110 m (máximo). La anchura será de 64 m (mínimo) y 75 (máximo).

Demarcación del terreno

Se marcará con líneas que pertenecerán a las zonas de demarcación. Las dos más largas se denominan *líneas de banda*, y las dos más cortas, *líneas de meta*. Todas tendrán una anchura de 12 cm.

El terreno de juego estará dividido por una línea media, en cuyo centro habrá un punto, alrededor del cual se trazará un círculo con un radio de 9,15 m.

El área de meta

El área de meta se demarcará con dos líneas perpendiculares a la línea de meta, a 5,5 m desde la parte interior de cada poste de meta. Dichas líneas se adentrarán 5,5 m en el terreno de juego y se unirán con otra paralela a la de meta.

El área de penalti

El área de penalti se demarcará con dos líneas perpendiculares a la de meta, a 16,5 m desde la parte interior de cada poste, y se unirán con otra paralela a la de meta.

Se marcará un punto a 11 m de distancia desde el centro de la línea entre los postes y se trazará un semicírculo de 9,15 m de radio.

Banderines

En cada esquina se colocará un asta con un banderín cuya altura será de 1,5 m.

Se podrán colocar banderines en cada extremo de la línea media, a una distancia de 1 m de la línea de banda.

El área de córner

Se trazará un cuadrante con un radio de 1 m desde cada banderín de córner en el interior del terreno de juego.

Las metas

Se colocarán en el centro de cada línea de meta. Consistirán en dos postes verticales unidos por un travesaño.

LECCIONES DE FÚTBOL: LA GUÍA DEL ARBITRAJE

La distancia entre los postes será de 7,32 m y la distancia del borde inferior del travesaño al suelo será de 2,44 m.

Los postes y el travesaño tendrán la misma anchura y grosor (12 cm como máximo) y serán de color blanco. Se podrán colgar redes enganchadas en las metas y el suelo detrás de la meta.

Las metas, sean fijas o no, deberán estar ancladas firmemente en el suelo.

REGLA 2: EL BALÓN

Definición y dimensiones

El balón será esférico; de cuero u otro material adecuado; una circunferencia de 68 a 70 cm; un peso de 410 a 450 g al comienzo del partido; una presión de 0,6 a 1,1 atmósferas (600 - 1100 g/cm^2) al nivel del mar.

Reemplazo del balón

Si el balón estalla o se daña durante un partido, se interrumpirá el juego, se sustituirá y se reanudará el juego mediante un balón a tierra.

Si el balón estalla o se daña en un momento en que no está en juego, el partido se reanudará de acuerdo con las normas.

El balón no podrá ser cambiado sin la autorización del árbitro.

REGLA 3: EL NÚMERO DE JUGADORES

Jugadores

El partido será jugado por dos equipos formados por un máximo de once jugadores y un mínimo de siete, de los cuales uno jugará como guardameta.

Competiciones oficiales

Se podrán utilizar como máximo tres sustitutos en cualquier partido de una competición oficial de la FIFA, las confederaciones o las asociaciones nacionales. El reglamento de la competición deberá estipular cuántos sustitutos podrán designarse (entre tres y siete).

Los nombres de los sustitutos deberán facilitarse al árbitro antes del comienzo del encuentro.

Procedimiento de sustitución

Para reemplazar a un jugador por un sustituto, se deberán observar las siguientes condiciones:

— habrá que informar al árbitro de la sustitución antes de efectuarla;
— el sustituto no podrá entrar en el terreno de juego hasta que el jugador al que reemplaza lo haya abandonado se lo indique el árbitro;
— el sustituto entrará en el terreno de juego por la línea media y durante una interrupción del juego;
— desde que entra en el terreno de juego, el sustituto se convierte en jugador, y el jugador al que sustituye deja de serlo;
— un jugador que ha sido reemplazado no podrá participar más en el partido;
— todos los sustitutos están sometidos a la autoridad y jurisdicción del árbitro.

Cambio del guardameta

Cualquier jugador podrá cambiar su puesto con el guardameta, siempre que el árbitro haya sido informado y el cambio se efectúe durante una pausa.

Infracciones y sanciones

Si un sustituto entra en el terreno de juego sin la autorización del árbitro se interrumpirá el juego; se sancionará al sustituto con la tarjeta amarilla y se le ordenará que salga del terreno de juego; y se reanudará el juego mediante balón a tierra en el lugar donde se interrumpió.

Si un jugador cambia de puesto con el guardameta sin la autorización del árbitro, se continuará jugando y los jugadores en cuestión serán sancionados con tarjeta amarilla después de la siguiente interrupción del juego.

Para cualquier otra contravención de la regla, los jugadores serán sancionados con tarjeta amarilla.

Reanudación del juego

Si el árbitro detiene el juego, se reanudará con un tiro libre indirecto desde el lugar donde el balón se encontraba.

Jugadores y sustitutos expulsados

Un jugador expulsado antes del saque de salida sólo podrá ser reemplazado por un sustituto. Si este fuera expulsado, no podrá ser sustituido.

REGLA 4: EL EQUIPAMIENTO DE LOS JUGADORES

Seguridad

Los jugadores no utilizarán ningún objeto que sea peligroso.

Equipamiento básico

El equipamiento básico obligatorio de un jugador será un jersey o camiseta, pantalones, medias, canilleras y espinilleras, calzado.

Canilleras y espinilleras

Deberán estar cubiertas por las medias.

Guardametas

Cada guardameta vestirá un equipo cuyos colores lo diferencien de los demás jugadores, del árbitro y de los árbitros asistentes.

Infracciones y sanciones

En caso de cualquier contravención:

— no será necesario detener el juego;
— el árbitro ordenará al infractor que abandone el juego para que arregle su equipamiento. No podrá retornar al campo sin haber recibido la autorización del árbitro, quien se cerciorará de que el equipamiento del jugador está en orden.

Un jugador que haya sido obligado a abandonar el terreno de juego por infracción de esta regla y que entra o vuelve al terreno de juego sin la autorización del árbitro será amonestado con tarjeta amarilla.

Reanudación del juego

Si el árbitro interrumpe el juego para amonestar al infractor, se reanudará con un tiro libre indirecto lanzado por un jugador del equipo adversario desde donde el balón se encontraba.

REGLA 5: EL ÁRBITRO

La autoridad del árbitro

Cada partido será controlado por un árbitro, quien tendrá la autoridad total para hacer cumplir las reglas del juego.

Poderes y deberes

El árbitro:

— hará cumplir las reglas del juego;
— controlará el partido con los árbitros asistentes y con el cuarto árbitro;
— se asegurará de que el balón corresponda a las exigencias de la regla 2;

— se asegurará de que el equipamiento de los jugadores cumpla con la regla 4;
— actuará como cronometrador y tomará nota de los incidentes del partido;
— interrumpirá, suspenderá o finalizará el partido por cualquier tipo de interferencia externa;
— interrumpirá el juego si juzga que algún jugador ha sufrido una grave lesión y se encargará de que sea transportado fuera del terreno de juego;
— se ordenará que todo jugador que sufra una lesión sangrante salga del terreno de juego;
— permitirá que el juego continúe si el equipo agredido se beneficia de una ventaja, y sancionará la infracción cometida inicialmente si la ventaja prevista no sobreviene en ese momento;
— castigará la falta más grave cuando un jugador cometa más de una infracción al mismo tiempo;
— tomará medidas contra quienes cometan faltas merecedoras de una amonestación o una expulsión;
— tomará medidas contra los representantes oficiales de los equipos que no se comporten de forma responsable y podrá expulsarlos del terreno de juego;
— actuará conforme a las indicaciones de sus árbitros asistentes en relación con incidentes que no ha podido observar;
— no permitirá que personas sin autorización entren en el terreno de juego;
— reanudará el juego tras una detención;
— remitirá a las autoridades competentes un informe del partido que incluya datos sobre todas las medidas disciplinarias tomadas contra jugadores o representantes de los equipos y cualquier otro incidente que haya ocurrido.

Decisiones del árbitro

Son definitivas y sólo podrá cambiar su decisión si se da cuenta de que es incorrecta o conforme a una indicación por parte de un árbitro asistente, siempre que no haya reanudado el juego.

REGLA 6: LOS ÁRBITROS ASISTENTES

Deberes

Se designarán dos árbitros asistentes que deberán indicar:

— cuándo el balón ha traspasado en su totalidad los límites del terreno de juego;
— a qué equipo corresponde efectuar los saques de esquina, de meta o de banda;
— cuándo se deberá sancionar a un jugador por estar fuera de juego;
— cuándo solicita una sustitución el entrenador;
— cuándo ocurre alguna falta u otro incidente fuera del campo visual del árbitro.

Asistencia

Los árbitros asistentes ayudarán al árbitro a dirigir el juego conforme a las reglas. En caso de intervención indebida o de conducta incorrecta, el árbitro prescindirá de sus servicios e informará a las autoridades pertinentes.

REGLA 7: LA DURACIÓN DEL PARTIDO

Periodos de juego

El partido se dividirá en dos tiempos de 45 minutos cada uno, salvo que por mutuo acuerdo entre el árbitro y los dos equipos participantes se convenga otra cosa antes de iniciar el juego.

Medio tiempo

Los jugadores tienen derecho a un descanso de quince minutos en el medio tiempo, si bien puede alterarse con el consentimiento del árbitro.

Recuperación de tiempo perdido

Cada periodo deberá ser prolongado para recuperar el tiempo perdido ocasionado por sustituciones; evaluar la lesión de un jugador; llevarse a los jugadores lesionados fuera del terreno de juego para ser atendidos; pérdida de tiempo o cualquier otro motivo.

Penalti

En caso de que se deba lanzar o repetir un penalti, la duración del periodo se extenderá hasta que se haya consumado.

Tiempo suplementario

El reglamento de una competición podrá prever dos tiempos suplementarios iguales. Se aplicará la regla 8.

Partido suspendido

Se volverá a jugar todo partido suspendido definitivamente, a menos que el reglamento estipule otro procedimiento.

REGLA 8: EL INICIO Y LA REANUDACIÓN DEL JUEGO

Preliminares

Se lanzará una moneda y el equipo que gane decidirá la dirección en que atacará durante el primer tiempo del partido. El otro equipo efectuará el saque de salida.

El equipo que ganó el sorteo ejecutará el saque de salida del segundo tiempo y los equipos cambiarán de mitad de campo.

Saque de salida

El saque de salida es una forma de iniciar o reanudar el juego al comienzo del partido; tras haber marcado un gol; al comienzo del segundo tiempo del partido; al comienzo de cada tiempo suplementario, cuando sea necesario.

Se puede marcar un gol directamente de un saque de salida.

PROCEDIMIENTO

Todos los jugadores deberán encontrarse en su propio campo. Los del equipo contrario deberán encontrarse como mínimo a 9,15 m del balón hasta que sea jugado.

El balón se hallará inmóvil en el punto central y entrará en juego cuando el árbitro dé la señal y un jugador realice el saque.

Después de que se marque un gol, el equipo contrario efectuará el saque de salida.

INFRACCIONES Y SANCIONES

Si el ejecutor del saque toca el balón por segunda vez antes que otro jugador, se concederá un tiro libre indirecto al equipo adversario.

Balón a tierra

Permite reanudar el juego después de una interrupción temporal.

PROCEDIMIENTO

El árbitro dejará caer el balón donde se hallaba cuando fue interrumpido el juego. El juego se considerará reanudado cuando el balón toque el suelo.

CIRCUNSTANCIAS ESPECIALES

Un tiro libre concedido al equipo defensor en su área de meta podrá ser lanzado desde cualquier parte de dicha área.

Un tiro libre indirecto concedido al equipo atacante en el área adversaria será

LECCIONES DE FÚTBOL: LA GUÍA DEL ARBITRAJE

lanzado desde la línea de meta, en el punto más cercano donde ocurrió la infracción.

Un balón a tierra para reanudar el partido dentro del área de meta, será ejecutado en la línea de meta en el punto más cercano donde se encontraba el balón.

REGLA 9: EL BALÓN FUERA DE JUEGO EN JUEGO

El balón fuera de juego

El balón estará fuera de juego cuando haya traspasado completamente una línea de banda o de meta y el juego haya sido detenido por el árbitro.

El balón en juego

El balón estará en juego incluso cuando rebota en los postes, el travesaño o el poste de esquina o el árbitro y permanece en el terreno de juego.

REGLA 10: EL GOL MARCADO

Gol marcado

Se habrá marcado un gol cuando el balón haya traspasado la línea de meta entre los postes y bajo el travesaño.

Equipo ganador

El equipo que haya marcado el mayor número de goles será el ganador. Si ambos equipos marcasen el mismo número de goles o si no se hubiera marcado ningún gol, el partido terminará en empate.

Reglamentos de competición

Los reglamentos de una competición podrán estipular un tiempo suplementario u otro procedimiento para determinar el ganador en caso de empate.

REGLA 11: EL FUERA DE JUEGO

Posición de fuera de juego

El hecho de estar en una posición de fuera de juego no constituye una infracción en sí misma.

Un jugador estará en posición de fuera de juego si se encuentra más cerca de la línea de meta contraria que el balón y el penúltimo adversario.

En cambio, un jugador no estará en posición de fuera de juego si se encuentra en su propia mitad de campo está a la misma altura que el penúltimo adversario; está a la misma altura que los dos últimos adversarios.

Infracciones y sanciones

Un jugador en fuera de juego será sancionado si en el momento en que el balón toca o es jugado por uno de sus compañeros, se halla implicado en el juego activo interfiriendo en el de un adversario, o tratando de sacar ventaja de dicha posición.

No lo será si el jugador recibe el balón de un saque de meta, de banda o de esquina.

Por cualquier falta de fuera de juego, el árbitro deberá otorgar un tiro libre indirecto al equipo adversario.

REGLA 12: FALTAS Y CONDUCTA ANTIDEPORTIVA

Las faltas y conducta antideportiva se sancionarán de la siguiente manera

Tiro libre directo

Se concederá un tiro libre al equipo adversario si un jugador comete una de las

siguientes seis faltas de manera temeraria, peligrosa o con excesiva fuerza:

— dar o intentar dar una patada a un adversario;
— poner o intentar poner una zancadilla a un adversario;
— saltar sobre un adversario;
— cargar contra un adversario;
— golpear o intentar golpear a un adversario;
— empujar a un adversario.

Se concederá un tiro libre directo al equipo adversario si un jugador comete una de estas faltas:

— en el momento de luchar por el balón, da una patada al adversario antes de tocar el balón;
— sujetar a un adversario;
— escupir a un adversario;
— tocar el balón con las manos deliberadamente (salvo el guardameta).

El tiro libre directo se lanzará desde el lugar donde se cometió la falta.

Penalti

Se concederá un penalti si un jugador comete una de las diez faltas mencionadas dentro de su propia área de penalti, independientemente de la posición del balón y siempre que esté en juego.

Tiro libre indirecto

Se concederá un tiro libre indirecto al equipo adversario si un guardameta comete una de las siguientes cinco faltas dentro de su propia área de penalti:

— dar más de cuatro pasos mientras retiene el balón en sus manos;
— volver a tocar el balón con las manos inmediatamente después de haberlo puesto en juego y sin que otro jugador lo haya tocado;
— tocar el balón con las manos después de que un jugador de su equipo se lo haya cedido con el pie;
— tocar el balón con las manos después de haberlo recibido directamente de un saque de banda;
— perder tiempo.

Se concederá un tiro libre indirecto al equipo adversario si un jugador:

— juega de forma peligrosa;
— obstaculiza el avance de un adversario;
— impide que el guardameta pueda sacar el balón con las manos;
— comete cualquier otra falta que obligue a interrumpir el juego.

El tiro libre indirecto se lanzará desde el lugar donde se cometió la falta.

Sanciones disciplinarias

FALTAS SANCIONABLES
CON UNA AMONESTACIÓN

Un jugador será amonestado y recibirá la tarjeta amarilla si comete una de las siguientes faltas:

— comportarse de forma antideportiva;
— desaprobar una decisión arbitral;
— infringir una decisión arbitral las reglas del juego;
— retardar la reanudación del juego;
— no respetar la distancia reglamentaria en un saque de esquina o tiro libre;
— entrar o volver a entrar en el terreno de juego sin el permiso del árbitro;
— abandonar deliberadamente el terreno de juego sin el permiso del árbitro.

FALTAS SANCIONABLES
CON UNA EXPULSIÓN

Un jugador será expulsado y recibirá la tarjeta roja si comete una de las siguientes faltas:

LECCIONES DE FÚTBOL: LA GUÍA DEL ARBITRAJE

— ser culpable de juego brusco grave;
— ser culpable de conducta violenta;
— escupir a un persona;
— impedir con mano intencionada un gol o malograr una oportunidad de marcar un gol;
— malograr la oportunidad de marcar un gol mediante una falta sancionable con tiro libre o penal;
— emplear lenguaje ofensivo;
— recibir una segunda amonestación.

REGLA 13: LOS TIROS LIBRES

Tipos de tiros libres

Los tiros libres son directos o indirectos. El balón deberá estar inmóvil cuando se lance y el ejecutor no podrá volver a jugarlo si no lo ha tocado otro jugador.

EL TIRO LIBRE DIRECTO

Si se introduce en la meta contraria, se concederá un gol. Si se introduce en la propia meta, se concederá un saque de esquina al equipo contrario.

EL TIRO LIBRE INDIRECTO

El árbitro lo indicará levantando el brazo hasta que el tiro haya sido ejecutado y haya tocado a otro jugador o salido del juego.
El gol será válido si el balón toca a otro jugador antes de entrar en la meta.
Si se introduce directamente un tiro libre indirecto en la meta contraria, se concederá un saque de meta. En cambio, si entra en la propia meta, se concederá un saque de esquina al equipo contrario.

Posición en el tiro libre

TIRO LIBRE DENTRO DEL ÁREA DE PENALTI

Todos los adversarios deberán permanecer fuera del área de penalti hasta que el balón haya sido lanzado directamente más allá del área de penalti.
Un tiro libre concedido en el área de meta podrá ser lanzado desde cualquier punto de dicha área.

TIRO LIBRE INDIRECTO EN FAVOR DEL EQUIPO ATACANTE

Todos los adversarios deberán encontrarse como mínimo a 9,15 m del balón hasta que sea chutado y se ponga en movimiento. Un tiro libre indirecto concedido en el área de meta se lanzará desde la parte de la línea del área de meta más cercana al lugar donde se cometió la falta.

TIRO LIBRE FUERA DEL ÁREA DE PENALTI

Todos los adversarios deberán encontrarse como mínimo a 9,15 m del balón hasta que sea chutado y se ponga en movimiento.
El tiro libre se lanzará desde el lugar donde se cometió la falta.

Infracciones y sanciones

Si al ejecutar un tiro libre un adversario se encuentra más cerca del balón que la distancia reglamentaria, se repetirá el tiro.
Si el equipo defensor lanza un tiro libre desde su propia área sin que el balón entre en juego, se repetirá el tiro.

TIRO LIBRE LANZADO POR CUALQUIER JUGADOR EXCEPTO EL GUARDAMETA

Si el ejecutor del tiro toca por segunda vez el balón antes de que haya tocado a otro jugador, se concederá un tiro libre indirecto al equipo contrario.
Si el balón está en juego y el ejecutor del tiro toca el balón con las manos antes de que haya tocado a otro jugador:

— se concederá un tiro libre directo al equipo contrario;

— se concederá un penalti si la falta ha sido cometida dentro del área del ejecutor.

Tiro libre lanzado
por el guardameta

Si el balón está en juego y el guardameta toca por segunda vez el balón (excepto si lo hace con sus manos) antes de que este haya tocado a otro jugador, se concederá un tiro libre indirecto al equipo contrario.

Si el balón está en juego y el guardameta toca intencionadamente el balón con la mano antes de que este haya tocado a otro jugador, se concederá un tiro libre directo al equipo contrario si la falta ocurrió fuera del área de penalti del guardameta.

Si la falta ocurrió dentro del área de penalti del guardameta, el tiro se lanzará desde el lugar donde se cometió la falta.

REGLA 14: EL PENALTI

Se concederá un penalti contra el equipo que cometa en su propia área una falta sancionable con tiro libre directo mientras el balón está en juego.

Se podrá marcar un gol directamente de un penalti.

Se concederá tiempo adicional para poder ejecutar un penalti al final de cada tiempo o al final de los periodos del tiempo suplementario.

Posición del balón y de los jugadores

El balón se colocará en el punto de penalti.

El guardameta defensor deberá permanecer sobre su propia línea de meta, frente al ejecutor del tiro, y entre los postes de la meta hasta que el balón esté en juego.

Los demás jugadores deberán encontrarse fuera del área de penalti, detrás del punto. El árbitro no dará la señal de ejecutar el penalti hasta que todos los jugadores se hallen en una posición correcta y decidirá cuándo se ha consumado el tiro.

Procedimiento

El ejecutor del tiro lanzará el balón y no podrá volver a jugarlo hasta que no haya tocado a otro jugador.

Cuando se ejecuta un penalti durante el curso normal de un partido o al final del tiempo reglamentario, se concederá un gol si, antes de pasar entre los postes y bajo el travesaño, el balón los toca.

Infracciones y sanciones

Ocurren cuando el árbitro da la señal de ejecutar el penalti y, antes de que el balón esté en juego, sucede lo siguiente:

— si el lanzador infringe las reglas; en este caso el árbitro permitirá que continúe la jugada. Sólo si el balón entra en la meta se repetirá el tiro;
— si el guardameta infringe las reglas, el árbitro permitirá que proceda la jugada. Sólo si el balón entra en la meta se concederá el gol. Si no lo hace, se repetirá el tiro;
— si un atacante penetra en el área de penalti o se coloca delante del punto de penalti o a menos de 9,15 m del mismo, continuará la jugada. Si el balón entra en la meta, se repetirá el tiro; si rebota y es tocado por este jugador, el árbitro interrumpirá el partido y lo reanudará con un tiro libre indirecto a favor del equipo contrario;
— si un defensor penetra en el área de penalti o se coloca delante del punto de penalti o a menos de 9,15 m del mismo, continuará la jugada. Si el balón entra en la meta, se concederá un gol; si el balón no entra, se repetirá el tiro;
— si un defensor y un atacante infringen las reglas del juego, se repetirá el tiro.

Por otra parte, si después de que se haya lanzado un penalti el ejecutor toca por segunda vez antes de que el esférico haya tocado a otro jugador, se concederá un tiro libre indirecto al equipo contrario.

Si el ejecutor toca intencionadamente el balón con las manos antes de que haya tocado a otro jugador, se concederá un tiro libre directo al equipo contrario.

Si el balón es tocado por un cuerpo ajeno, se repetirá el tiro.

Por último, si el balón rebota tras chocar con el guardameta, el travesaño o los postes, impacta con un cuerpo ajeno, se detendrá el juego y se reanudará con balón a tierra.

REGLA 15: EL SAQUE DE BANDA

El saque de banda es una forma de reanudar el juego cuando el balón haya atravesado en su totalidad la línea de banda. Será favorable a los adversarios del jugador que tocó el balón y se lanzará desde el punto por donde franqueó la línea de banda.

Procedimiento

En el momento de lanzar el balón, el ejecutor deberá:

— estar de cara al terreno de juego;
— tener parte de ambos pies sobre la línea de banda o en el exterior de la misma;
— servirse de ambas manos;
— lanzar el balón desde la altura de la nuca y por encima de la cabeza.

El balón estará en juego cuando entre en el terreno. El ejecutor del saque no podrá volver a jugar el balón hasta que este no haya tocado a otro jugador.

Infracciones y sanciones

Cuando lo ejecuta cualquier jugador, salvo el guardameta

Si el balón está en juego y el ejecutor del saque lo toca antes de que lo haya tocado otro jugador, se concederá un tiro libre indirecto al equipo contrario.

Si el balón está en juego y el ejecutor del saque lo toca con las manos antes de que lo haya tocado otro jugador, se concederá un tiro libre directo al equipo contrario y un penalti si la falta se cometió dentro del área del ejecutor.

Saque de banda lanzado por el guardameta

Si el balón está en juego y el guardameta toca por segunda vez el balón (excepto con sus manos) antes de que lo haya tocado otro jugador, se concederá un tiro libre indirecto al equipo contrario.

Si el balón está en juego y el guardameta toca intencionadamente el balón con la mano antes de que lo haya tocado otro jugador, se concederá un tiro libre directo al equipo contrario si la falta ocurrió fuera del área de penalti del guardameta. Se concederá un tiro libre indirecto al equipo contrario si la falta ocurrió dentro del área del guardameta, y el tiro se lanzará desde donde se cometió la falta.

Si un adversario distrae o estorba al ejecutor del saque, será amonestado por conducta antideportiva y recibirá tarjeta amarilla.

REGLA 16: EL SAQUE DE META

El saque de meta es una forma de reanudar el juego y puede anotarse un gol directamente.

Se concederá cuando el balón haya traspasado en su totalidad la línea de meta, ya sea por tierra o por aire, después de haber tocado a un jugador del equipo atacante, y no se haya marcado un gol.

Procedimiento

El balón será lanzado desde cualquier punto del área de meta por un defensor.

REGLAS DE JUEGO OFICIALES DE LA INTERNATIONAL FOOTBALL...

Los adversarios permanecerán fuera del área hasta que el balón esté en juego.

El lanzador no podrá volver a jugar el balón hasta que no lo haya tocado a otro jugador.

Infracciones y sanciones

Si el balón no es lanzado directamente fuera del área de penalti, se repetirá el saque.

CUANDO LO EJECUTA CUALQUIER
JUGADOR, SALVO EL GUARDAMETA

Si el balón está en juego y el ejecutor lo toca antes que otro jugador, se concederá un tiro libre indirecto al equipo contrario.

Si el balón está en juego y el ejecutor del saque lo toca intencionadamente antes de que lo haya tocado otro jugador, se concederá un tiro libre directo al equipo contrario y un penalti si la falta se cometió dentro del área de penalti del ejecutor.

SAQUE DE META LANZADO
POR EL GUARDAMETA

Si el balón está en juego y el guardameta toca el balón antes de que este haya tocado a otro jugador, se concederá un tiro libre indirecto al equipo contrario.

Si la falta ocurrió fuera del área de penalti del guardameta, se concederá un tiro libre indirecto al equipo contrario. Se concederá un tiro libre indirecto al equipo contrario si la falta ocurrió dentro del área de penalti del guardameta.

Para cualquier otra contravención a la regla, se repetirá el saque.

REGLA 17: EL SAQUE DE ESQUINA (CÓRNER)

Permite reanudar el juego. Se podrá anotar un gol directamente sólo, pero contra el equipo contrario.

Se concederá un saque de esquina cuando el balón haya traspasado la línea de meta, ya sea por tierra o por aire, después de haber tocado por último a un defensor, y no se haya marcado un gol conforme a la regla 10.

Procedimiento

El balón se colocará en el cuadrante del banderín de esquina más cercano. Los adversarios deberán permanecer a 9,15 m del balón hasta que esté en juego. El balón será lanzado por un atacante.

Infracciones y sanciones

SAQUE DE ESQUINA EJECUTADO
POR CUALQUIER JUGADOR,
EXCEPTO EL GUARDAMETA

Si el balón está en juego y el ejecutor del saque toca el balón antes de que este haya tocado a otro jugador, se concederá un tiro libre indirecto al equipo contrario.

Si el balón está en juego y el ejecutor lo toca con las manos antes lo que otro jugador, se concederá un tiro libre directo al equipo contrario; si la falta se cometió dentro del área, se concederá un penalti.

SAQUE DE ESQUINA LANZADO
POR EL GUARDAMETA

Si el balón está en juego y el guardameta toca el balón antes de que este haya tocado a otro jugador, se concederá un tiro libre indirecto al equipo contrario.

Si el balón está en juego y el guardameta toca intencionadamente el balón con la mano antes que otro jugador, se concederá un tiro libre directo al equipo contrario si la falta ocurrió fuera del área de penalti; si la falta ocurrió dentro del área de penalti del guardameta, se concederá un tiro libre indirecto al equipo contrario.

Para cualquier otra contravención a la regla se repetirá el saque.

ÁRBITROS Y ARBITRAJE

Los artículos siguientes recopilan lo que el Comité Técnico de Árbitros dispone sobre la la actividad de los árbitros y las actas.

LIBRO XIII - DE LA ORGANIZACIÓN ARBITRAL

Artículo 196. 1. El estamento arbitral nacional está constituido por los árbitros titulados para actuar como tales en partidos y competiciones de aquel ámbito, que hayan formalizado su colegiación entre el 10 y el 30 de julio de cada año; y, asimismo, por las personas que, reuniendo los requisitos y condiciones que se establecen en este Libro, estén integradas en aquel para desempeñar funciones directivas, técnicas, administrativas o cualesquiera otras necesarias o convenientes para su mejor organización y actuación, ello sin perjuicio de las competencias propias al Presidente de la Real Federación Española de Fútbol.

2. Forman también parte del estamento, en general, los árbitros integrados en las Federaciones de ámbito autonómico, así como las personas que en sus respectivas jurisdicciones ejercen cargo o función de las enumeradas en el apartado anterior.

3. Se consideran árbitros, a los efectos del presente Libro:

a) El principal que dirige el partido.
b) Los dos asistentes que le auxilian.

c) El cuarto que, tratándose de encuentros en que participen clubes de primera o segunda División, prevé el artículo 211 de este ordenamiento.

Será requisito necesario e inexcusable para que los árbitros ejerzan las funciones que les corresponden, su previa colegiación. Formalizada esta, la misma implicará la cesión de derechos de imagen del colegiado a favor de la RFEF.

Artículo 197. Las Federaciones de ámbito autonómico regularán, según entiendan, sus propias categorías, si bien a efectos técnicos, y dada la indisoluble unidad que imponen las reglas del juego, la RFEF, a través de su Comité Técnico, establecerá las bases para una efectiva coordinación técnica con unicidad de programas para las escuelas, así como relaciones permanentes entre dicho Comité Técnico y los Comités Territoriales.

Artículo 198. 1. El Comité Técnico de Árbitros (CTA) atiende directamente el funcionamiento del estamento arbitral nacional, y le corresponde, con subordinación al presidente de la RFEF, su gobierno, representación y administración.

2. Corresponde al Comité Técnico:

a) Establecer los niveles de formación arbitral.
b) Clasificar técnicamente a los árbitros y, a tenor de la evaluación realizada por la Comisión de Designaciones, Información,

ÁRBITROS Y ARBITRAJE

Calificación y Clasificación, proponer al presidente de la RFEF los ascensos y descensos y la adscripción a las categorías correspondientes.

c) Proponer los candidatos a árbitros internacionales.

d) Aprobar las normas administrativas reguladoras del arbitraje.

e) Coordinar con las Federaciones de ámbito autonómico integradas en la RFEF los niveles de formación y los aspectos técnicos a que alude el artículo 197.

f) Designar a los colegiados en las competiciones de ámbito estatal, salvo en el caso de que se apruebe un sistema de designación distinto al que establece el artículo 202.2.a.

g) Otras funciones delegadas por la RFEF.

Artículo 199. El CTA está compuesto por el Presidente, tres Vicepresidentes y el número de vocales que se considere necesario para el mejor desarrollo de su actividad, entre los que, al menos, estarán los siguientes:

— de Escuelas y Capacitación;
— de Disciplina y Méritos;
— de Actividad Económica y Administración;
— de Relaciones Externas y Publicidad.

Artículo 200. 1. La Presidencia del Comité recaerá, según dispone el artículo 49.2 de los Estatutos de la RFEF, en quien designe el que ostenta la de esta.

2. Los tres Vicepresidentes serán nombrados por el Presidente de la RFEF, a propuesta del CTA.

3. Los Vocales serán designados por el Presidente del Comité Técnico, precisándose la ratificación del que lo sea de la RFEF.

Artículo 201. En el seno del Comité técnico se constituirán las siguientes Comisiones:

a) de Designaciones, Información, Calificación y Clasificación;

b) de Disciplina y Méritos;
c) de Coordinación Interterritorial.

Artículo 202. 1. La Comisión de Designaciones, Información, Calificación y Clasificación está compuesta por tres miembros, uno nombrado por la RFEF, otro por la LNFP y el tercero por el Comité Técnico.

Estará presidida por el que, entre ellos, determine el Presidente de la Real Federación.

2. Corresponde a esta Comisión:

a) Designar los equipos arbitrales que hayan de dirigir los partidos de competición oficial, sin más condicionamiento excluyente que la circunstancia consistente en que estén domiciliados en la misma Comunidad Autónoma que uno o los dos clubes que deban competir.

b) Proponer las normas de carácter económico propias del arbitraje en las distintas competiciones o categorías de ámbito nacional.

c) Desarrollar programas de actualización y homogeneización de los criterios técnicos durante las competiciones, en concordancia con la política de formación y capacitación establecidas por el CTA y los organismos internacionales.

d) Designar, en su caso, a los Delegados-Informadores a los que se encomiende observar y calificar las actuaciones de los colegiados, en virtud de lo que prevé el artículo 213.

e) Proponer el modelo de informe y calificación a que hace méritos el apartado 3.a) del precepto invocado en el párrafo anterior.

f) Recibir, controlar y archivar los informes, trasladarlos a las correspondientes fichas de los interesados, llevando al día la calificación de los colegiados, así como decidir acerca de la validez de los mismos, cuando se susciten dudas racionales al respecto.

g) Recabar, en su caso, contrainformes sobre la actuación arbitral, en los supuestos que prevé el artículo 213.4.

h) Trasladar al CTA, al término de cada temporada, la evaluación de los árbitros, al objeto de su clasificación.

3. La Comisión de Designaciones, Información, Calificación y Clasificación designará los equipos arbitrales con una anticipación mínima de cinco días antes de la celebración del partido o jornada de que se trate, salvo situaciones específicas y muy especiales, debidamente justificadas y motivadamente expuestas.

Los árbitros designados para dirigir un partido deberán recibir la oportuna notificación con setenta y dos horas de antelación a la celebración del mismo.

En caso de enfermedad o cualquier otro motivo de fuerza mayor que impida la actuación del árbitro designado, este lo comunicará de inmediato al Comité Técnico para que se provea su sustitución.

Los componentes del equipo arbitral deberán ser designados entre colegiados que hayan superado las pruebas médicas, físicas y técnicas, controladas, en todo caso, por profesionales titulados.

Dichas pruebas serán establecidas por el CTA en concordancia con las exigidas por la FIFA, sin perjuicio de lo cual aquel podrá elevar el grado de dificultad de las mismas con el fin de tratar de alcanzar un mejor nivel de rendimiento.

4. Tratándose de encuentros de segunda división B, Campeonato de España/Copa de S. M. el Rey, Supercopa, partidos amistosos y torneos, las designaciones se realizarán directamente por el Presidente del CTA.

Artículo 203. 1. La Comisión de Disciplina y Méritos está conformada por los tres integrantes de la de Designaciones, Información, Calificación y Clasificación, por un Vicepresidente del Comité Técnico y por el Vocal de Disciplina y Méritos.

Su presidencia corresponderá al que ostenta la del referido Comité Técnico.

2. La Comisión es el órgano competente para ejercer las facultades disciplinarias que corresponden al Comité, en lo que respecta a aquellas actuaciones arbitrales que se consideren técnicamente deficientes por vulnerar las reglas del juego, según establece el artículo 49.7 de los Estatutos de la RFEF, en relación con el Título VII del mismo ordenamiento, con sujeción, desde luego, a las disposiciones sustantivas y procesales que este último prevé.

3. Le corresponde, además, proponer al Comité Técnico, para que este lo eleve a la Junta Directiva de la RFEF, la concesión de premios, honores y recompensas a miembros del colectivo arbitral, cuando ello proceda, según lo dispuesto en el presente Libro.

Artículo 204. 1. La Comisión de Coordinación Interterritorial está compuesta por el Presidente del Comité Técnico, sus Vicepresidentes y los Presidentes de todos y cada uno de los que lo sean de los Comités Territoriales de Árbitros.

2. Formarán también parte de ella, con voz pero sin voto, el Secretario y el Asesor Jurídico del Comité Técnico.

3. Son sus funciones coordinar, en general, el arbitraje en todo el territorio del Estado, en cualesquiera clases y categorías de competiciones; informar sobre eventuales modificaciones que, en las reglas del juego, lleven a cabo los organismos internacionales del fútbol; y velar por el escrupuloso cumplimiento de tales reglas y la unidad de criterios en su aplicación.

4. La Comisión, además, informará sobre aquellas cuestiones que el CTA le someta.

Artículo 205. La Comisión de Coordinación Interterritorial se reunirá con la periodicidad propia y adecuada a la continuada función que le corresponde, y, desde luego, al menos dos veces en el transcurso de la temporada.

Artículo 206. 1. Son funciones específicas del Vocal de Escuelas y Capacitación:

a) Elaborar los programas de formación técnica arbitral, pruebas físicas, cursillos y otras actividades en general, que someterá al CTA.

b) Elaborar, asimismo, en coordinación con los Comités Territoriales, los programas del cursillo de ascenso de tercera división a

ÁRBITROS Y ARBITRAJE

segunda B, evaluar las pruebas realizadas por los participantes y trasladar los resultados al Presidente del Comité Técnico.

c) Controlar el desarrollo y los resultados de las pruebas que en cada caso se establezcan y que consistirán, fundamentalmente, en el conocimiento de las reglas del juego y de las disposiciones estatutarias y reglamentarias de la RFEF.

d) Establecer los programas unificados de ascenso desde las categorías territoriales a la tercera división, y de esta a la segunda B.

2. Corresponde al Vocal de Disciplina y Méritos actuar como ponente en los asuntos propios de la competencia de la Comisión de aquella clase.

3. Compete al Vocal de Actividad Económica y Administración elaborar y controlar el presupuesto anual que someterá al Comité Técnico, y que, una vez aprobado por este, se elevará a la Presidencia de la RFEF. El presupuesto será cerrado, sin que quepa por ello trasvase de fondos entre partidas y capítulos distintos, salvo expresa autorización federativa.

4. Es función propia del Vocal de Relaciones Externas y Publicidad la de cuidar de las relaciones con los Comités Territoriales y otros estamentos del fútbol por delegación del Presidente del Comité Técnico.

Artículo 207. Son condiciones para integrarse y actuar en la organización arbitral nacional como árbitro en activo, además de las generales establecidas en el ordenamiento jurídico del Estado, las específicas siguientes:

a) No haber superado la edad que en cada caso se requiera para formar parte de las respectivas categorías.

b) Superar las pruebas de aptitud técnicas, físicas y médicas que se determinen como necesarias para la función a desarrollar.

c) Estar en posesión de la correspondiente licencia que le habilite para desempeñar la función arbitral.

Dicha licencia quedará formalizada en el momento que el Comité Técnico expida al interesado el carnet acreditativo de tal condición, con expresa mención de la categoría que le corresponda.

Artículo 208. La condición de árbitro en activo es incompatible con el ejercicio de cualquier cargo en órganos o entidades propios o adscritos a la Real Federación o las de ámbito autonómico o, en general, a cualesquiera otros que, por su actividad, pudiera comprometer su imparcialidad.

Artículo 209. Las categorías arbitrales estarán determinadas por las competiciones de ámbito estatal establecidas por la RFEF.

Son categorías arbitrales nacionales:

1) Primera división:

Estará formada por un número equivalente al de los clubes adscritos a la categoría, más cuatro.

Para ostentar la internacionalidad deberán concurrir, además de los méritos adquiridos en sus actuaciones, los requisitos establecidos por la FIFA.

2) Segunda división

Con arreglo a idéntica fórmula —número equivalente al de clubes adscritos a la categoría más dos—, se establecerá el número de árbitros de la segunda división.

3) Segunda división B:

Estará integrada por ciento cuarenta árbitros, que serán designados para dirigir los partidos correspondientes a:

a) Segunda división B;
b) División de Honor Sub-19;
c) División de Honor de Juveniles.

Asimismo, entre los componentes de esta categoría, será designado el cuarto árbitro de los partidos de primera y segunda división.

4) Los árbitros de tercera división tienen la cualidad de nacionales, correspondiendo su designación, por delegación del CTA quienes, también en coordina-

ción con aquel, establecerán su régimen general y aplicarán, en su caso, el disciplinario.

Artículo 210. 1. Las plantillas de árbitros asistentes adscritos a primera y segunda División, estarán compuestas por un número igual al doble de los que, en una y otra categoría, integran los árbitros principales. En la primera de ambas y computándose en el total de la plantilla, se incluirán los de categoría internacional, que vendrán determinados, en cuanto a su número, por las normas que la FIFA establezca en cada momento.

2. Una y otra plantilla estarán subdivididas en grupos de cuatro, según las preferencias formuladas por los árbitros que integran, respectivamente, las categorías de primera y segunda división, que se atenderán en base al orden establecido en cada una de las dos escalas, hasta donde fuere posible, y en razón a lo que el Comité determine a partir del momento en que se produjera duplicidad en la elección.

3. Los grupos de árbitros asistentes que de aquella forma resulten, se atribuirán a los correspondientes árbitros y constituirán a los respectivos equipos de auxiliares, entre los cuales la Comisión de Designaciones determinará, previa consulta con el principal, los que deban intervenir en cada partido que aquellos dirijan.

En los partidos dirigidos por un árbitro internacional, uno de los dos árbitros asistentes deberá ostentar esta misma categoría.

4. Tratándose de los árbitros asistentes de segunda división B, las plantillas se determinarán, al principio de cada temporada y según las necesidades propias de esta función, por la RFEF, a propuesta del CTA.

Artículo 211. 1. Tratándose de partidos en que intervengan clubes de primera y segunda división, el equipo arbitral estará compuesto, además de por el árbitro principal y sus dos árbitros asistentes, por un cuarto colegiado, designado entre los que integran la plantilla de segunda división B que no residan, siempre que ello fuera posible, en la provincia de alguno de los equipos contendientes.

2. El cuarto árbitro actuará en el supuesto de que, una vez iniciado el partido de que se trate, alguno de los tres responsables oficiales del mismo no esté en condiciones de seguir haciéndolo por causa o accidente ajenos a su voluntad.

3. Si la imposibilidad del árbitro principal se produjese antes del inicio del partido, y no hubiera posibilidad de sustituirlo por otro de la misma categoría, los clubes decidirán, de mutuo acuerdo, si se suspende el encuentro o si aceptan que sea dirigido por el cuarto árbitro.

4. Son también funciones del cuarto árbitro:

a) Coadyuvar, de acuerdo con el árbitro, en todos los deberes de carácter administrativo antes, durante y después del partido.

b) Intervenir, como responsable, en la eventual sustitución de los jugadores durante el encuentro.

c) Controlar el cambio de balones, encargándose de proporcionar, a indicación del árbitro principal, uno nuevo.

d) Revisar el atuendo y calzado de los sustitutos antes de su entrada en el terreno de juego. Si aquellos no se ajustaran a las reglas del juego, o a las disposiciones reglamentarias, informará al árbitro asistente más próximo para que dé traslado de ello al principal, el cual decidirá lo que corresponda.

e) Asistir al árbitro principal siempre que sea requerido por este.

f) Ejercer todas aquellas que puedan contribuir a facilitar la labor del arbitraje.

Artículo 212. 1. Causarán baja por edad, al término de la temporada de que se trate, los árbitros que, integrados en las plantillas como principales, hayan cumplido, al 1.º de julio del año en curso, la edad de 45, 41 y 38 años, según se trate, respectivamente, de los adscritos a las Divisiones primera, segunda o segunda B.

ÁRBITROS Y ARBITRAJE

Tratándose de los árbitros asistentes, causarán baja, al término de la temporada en curso los que antes del 1.º de julio hayan cumplido la edad de 45 años, si lo son de primera o segunda división, y de 40 años si lo son de segunda B.

2. Son edades límites para tener acceso a las distintas categorías arbitrales la de 41 años en primera división, 38 en segunda y 34 en segunda B.

3. Los árbitros que, teniendo la condición de principales, causen baja por cumplir la edad reglamentaria, quedarán adscritos, si lo desean, y de acuerdo con las disposiciones de su Comité Territorial, al fútbol base.

Idéntica posibilidad se reconoce igualmente a los árbitros asistentes adscritos a segunda división B.

Artículo 213. 1. Para el menester a que se refiere el artículo 202.2.d del presente Libro, se crea un cuerpo de Delegados Informadores —tratándose de aquellos en que intervengan clubes adscritos a primera o segunda división—, compuesto por sesenta miembros.

2. El cuerpo de Delegados-Informadores será seleccionado por el Comité Técnico de Árbitros y deberá someterse a la aprobación del Presidente de la RFEF.

Tal selección se llevará a cabo ponderando las siguientes circunstancias:

a) Categoría arbitral alcanzada y tiempo de permanencia en la misma.
b) Experiencia como informador.
c) Cargos directivos desempeñados y tiempo de permanencia en los mismos.
d) Edad.
e) Cualesquiera otras circunstancias o condiciones cuya concurrencia se juzgue más adecuada.

3. Son funciones del Delegado-Informador:

a) Informar y calificar la actuación del árbitro principal y los árbitros asistentes, a través del modelo oficial aprobado por la RFEF, que se elaborará en la forma que prevé el artículo 202.2.e de la presente reglamentación.

i) Informar, asimismo, al Comité de Competición de la RFEF sobre cualesquiera aspectos, en relación con el desarrollo del juego, eventuales incidencias acaecidas y cuestiones, en general, referentes al encuentro, cuando aquel órgano se lo requiera como documento a valorar junto con los demás que constituyan el expediente de que se trate.

c) Rendir también informe acerca de las condiciones del terreno de juego y de las instalaciones deportivas en general.

4. La Comisión de Designaciones, Información, Calificación y Clasificación, de oficio o a requerimiento del interesado, en ambos casos motivadamente, podrá recabar un contrainforme referente a la actuación del colegiado de que se trate.

En los supuestos que ello no resultara posible, la citada Comisión requerirá al Delegado-Informador un pormenorizado dictamen sobre las circunstancias o incidencias no aclaradas, del que dará traslado al árbitro afectado.

5. Cuando se trate de encuentros de segunda división B, el Delegado-Informador se limitará, exclusivamente, a informar acerca de la actuación del equipo arbitral.

Artículo 214. 1. Los colegiados que integran las plantillas de primera y segunda división, salvo casos de fuerza mayor o causa justificada que, como tal, pondere el Comité Técnico, están obligados a dirigir los partidos para los que hubieran sido designados y, asimismo, a comparecer, cuando sean convocados, para someterse, periódicamente, a pruebas médicas, físicas y técnicas, o para participar en reuniones, conferencias o cursillos a fin de mejorar o actualizar su preparación y de unificar la aplicación de criterios.

Esta clase de actividades podrán celebrarse, a juicio del Comité Técnico, con la participación de todos los integrantes de la plantilla o de los que, en la fecha de que se trate, no hayan sido designados para arbitrar; y, asimismo, localizándose en un solo punto, con la concurrencia en él de todos los convocados o, separadamente, dentro de la respectiva circunscripción territorial de su Comité.

2. Los árbitros comunicarán al Comité Técnico su programa, lugar, día y hora habitual de entrenamiento.

3. La RFEF pondrá al servicio del Comité Técnico y de los árbitros la infraestructura técnica necesaria para lograr una preparación óptima.

Artículo 215. 1. Los árbitros de primera y segunda división y los Delegados-Informadores, percibirán de los clubes, por cada encuentro en que intervengan, los horarios cuya cuantía, periodos de vigencia y demás aspectos con ello relacionados determinados por la RFEF y publicados mediante circular.

2. En ningún caso corresponderá percibir las cantidades a las que se refiere el punto anterior a aquellos árbitros que, aun estando colegiados, no reúnan todos y cada uno de los requisitos que prevé el artículo 207 del presente ordenamiento.

Idéntica consecuencia llevará consigo el que un árbitro solicite y obtenga la situación de excedencia con efectos a partir del momento en que se le hubiera concedido.

3. Los componentes del equipo arbitral y los Delegados-Informadores tendrán derecho, además de las percepciones especificadas en los apartados anteriores a que hacen mérito los apartados anteriores, a que les sean compensados los apartados anteriores, a que les sean compensados los gastos de desplazamiento, hospedaje y manutención, bien mediante justificación personal a través de liquidación individual, bien por concierto con hoteles, agencias de viaje o empresas de servicios en general.

Artículo 216. Los componentes del equipo arbitral están obligados a pernoctar, la víspera de la fecha en que se celebre el encuentro que hayan de dirigir, en la misma localidad en que aquel tenga lugar, salvo que viajen en coche cama u obtengan autorización expresa del CTA que les exima de ello.

Artículo 217. 1. La Comisión de Designaciones, Información, Calificación y Clasificación propondrá anualmente a la RFEF las normas que tengan repercusión económica en el arbitraje de las competiciones de carácter profesional, así como las cantidades que los integrantes de las plantillas de primera y segunda división, árbitros asistentes, cuarto árbitro y delegados-informadores tienen derecho a percibir.

Analizadas y aprobadas tales propuestas por la RFEF, serán promulgadas a través de Circular.

2. El CTA propondrá anualmente a la RFEF la cuantía de los honorarios de todos los colegiados adscritos a la segunda división B.

Artículo 218. 1. Al término de cada temporada perderán la categoría los dos árbitros peor clasificados de primera división, lo que se producirá en cualquier caso, incluso aunque uno o ambos tuvieran la cualidad de internacionales.

Ascenderán a primera división los dos mejores clasificados de la segunda.

2. Descenderán a segunda división B los cuatro colegiados de segunda peor clasificados, y ascenderán a esta los cuatro que hayan obtenido mejor clasificación de aquella.

3. Descenderán a tercera división los veinte colegiados de segunda B peor clasificados, y ascenderán a esta los veinte que hayan superado las pruebas del cursillo de ascenso de Tercera a segunda división B.

4. En cuanto a los árbitros asistentes, perderán la categoría los ocho peor clasificados de primera división, lo que se producirá en cualquier caso, incluso aunque uno o varios de aquellos tuvieran la cualidad de internacionales.

Ascenderán a primera división los ocho mejores clasificados de la segunda.

ÁRBITROS Y ARBITRAJE

Descenderán a segunda división B, los ocho peor clasificados de segunda, y ascenderán a esta los ocho que hayan obtenido mejor clasificación de aquella.

Perderán la categoría de árbitro asistente de segunda división B el diez por ciento de la plantilla de los peor evaluados por el CTA, que quedarán incorporados a la categoría inmediata inferior, si la hubiere, o al fútbol base en su defecto, siempre que reúnan los requisitos establecidos al respecto por su Comité Territorial y no superen la edad máxima de 45 años, cubriéndose sus vacantes según los criterios que establezca la RFEF, a propuesta del CTA.

5. En el movimiento de descensos que prevén las disposiciones que anteceden, no se computarán las vacantes producidas por edad, baja voluntaria, enfermedad u otra causa cualquiera distinta de la clasificatoria. Se exceptúa, tratándose de los árbitros asistentes, el supuesto de las vacantes por edad, las cuales se computarán en el número de descensos reglamentarios previstos.

6. Tratándose de bajas por voluntad propia o incapacidad sobrevenida durante el transcurso de la temporada, podrán ser cubiertas, si a juicio del Comité Técnico lo exigieran las necesidades de la propia competición, por los árbitros que, al término de la anterior, quedaron clasificados inmediatamente después de los ascendidos, si bien ello sólo podrá llevarse a efecto en el primer tercio de la temporada.

Los árbitros tendrán acceso a la puntuación y clasificación finales de todos los integrantes de su categoría y los propuestos para la pérdida de categoría deberán ser informados expresamente sobre este particular, a fin de que puedan formular ante la RFEF, las alegaciones que a su derecho convinieren.

El plazo para formular tales alegaciones expirará a los quince días naturales contados a partir del siguiente al de la notificación.

7. El árbitro cuyo número de actuaciones, durante la temporada, hubiera sido inferior al cincuenta por ciento de la media de las de su categoría, ello con independencia de las circunstancias que lo motiven, salvo casos de lesión o enfermedad graves, perderá aquella, quedando directamente adscrito, si lo desea, al arbitraje territorial.

8. Perderá asimismo la categoría el árbitro que no supere, por dos veces consecutivas, las pruebas físicas reglamentariamente previstas para la fase de que se trate, quedando en tal supuesto integrado, si lo desea, en el fútbol base.

9. El árbitro que por primera vez no supere las pruebas físicas, será convocado treinta días después para realizarlas de nuevo, considerándose ambas ocasiones como una primera fase.

10. Se regularán mediante circular las valoraciones que sirvan de pauta o criterio a efectos de aprobar o suspender las pruebas físicas.

11. El número de ascensos que, en las diferentes categorías establece el presente Libro, se incrementará, cuando fuere menester, para cubrir las eventuales vacantes producidas por causas distintas a las de descenso, a fin de que, al inicio de cada temporada, las plantillas arbitrales estén conformadas en la forma que establece este ordenamiento.

Artículo 219. 1. Los árbitros de categoría nacional podrán solicitar al Comité Técnico el pase a la situación de excedencia voluntaria, siempre que concurran motivos justificados.

Tal solicitud deberán formalizarla por escrito a través del Comité Territorial respectivo, especificando las causas que la fundamentan y acompañando la documentación original que acredite la concurrencia de aquellas.

2. El CTA, previo examen del expediente, resolverá, motivadamente, sobre la procedencia o no de la concesión, notificando su acuerdo al interesado y al Comité Territorial al que esté adscrito.

3. El árbitro que haya sido declarado en situación de excedencia no podrá solicitar ni obtener otra hasta que hayan transcurrido dos años desde su reingreso a la de activo.

4. La duración de la situación de excedencia será por un tiempo no inferior a seis meses, ni superior a dos años.

Una vez se haya cumplido el tiempo de excedencia, la reincorporación se realizará en la categoría que ostentaba el interesado al iniciar aquella, siempre y cuando existan vacantes, y previa superación de las pruebas físicas, médicas y técnicas establecidas en el momento de dicha incorporación.

Transcurrido el plazo máximo de dos años sin retornar al arbitraje activo, el interesado sólo podrá reintegrarse al mismo adscrito a una categoría inferior a la que poseía cuando le fue concedida la situación de excedencia.

5. Si solicitase la excedencia un árbitro que estuviese en situación de descenso, este se consumará en cualquier caso.

6. Concedida la excedencia, el Comité Técnico podrá proponer a la RFEF cubrir provisionalmente el puesto con el árbitro mejor clasificado en la categoría inmediatamente inferior, siempre que las necesidades de la competición lo requieran. Si así se hiciere, el que cubriese la vacante retornará a su categoría de procedencia en el momento en que el excedente se reincorpore a la situación activa.

Artículo 220. Los árbitros están sujetos a las disposiciones que dicte la RFEF sobre uniformidad, posible publicidad en sus prendas deportivas y comportamiento general con ocasión o como consecuencia del desempeño de sus funciones.

Artículo 221. El Comité Técnico podrá proponer que se dicten las órdenes o instrucciones de régimen interno que consideren adecuadas o precisas, las cuales deberán ser aprobadas, desde luego, por la propia RFEF. Obtenida, en su caso, tal aprobación, se publicarán mediante circular.

Artículo 222. El Presidente del Comité Técnico podrá proponer al de la RFEF el nombramiento de un Secretario y un Asesor Jurídico, los cuales dependerán, directamente, de quienes desempeñen idéntico cargo en la RFEF.

Artículo 223. Todos los que desempeñen los servicios administrativos del Comité Técnico, tendrán la cualidad de empleados de la RFEF, bajo la dependencia orgánica y laboral del Secretariado General de esta.

Artículo 224. 1. La Junta Directiva de la RFEF, a propuesta del CTA, otorgará la insignia de oro a los colegiados que por sus méritos o permanencia en la organización se hicieran acreedores a ella.

2. Podrá, asimismo, previa idéntica propuesta, premiar la conducta de los árbitros y demás integrantes de su estamento que, por su especial relevancia, merezca público reconocimiento.

Artículo 225. El Asesor-Coordinador General es una institución que enlaza directamente al Presidente de la Real Federación con el CTA, con la finalidad de agilizar las relaciones entre ambos órganos en lo que se refiere a programas de ayuda para cursillos, apoyos de infraestructura y todo cuanto pueda contribuir al mejor desarrollo y operatividad del arbitraje, en general, y de quienes conforman el estamento, en particular.

Su nombramiento corresponderá al Presidente de la RFEF.

ESTATUTOS Y REGLAMENTO GENERAL

Capítulo VI. Del árbitro

Artículo 309. 1. El árbitro es la autoridad deportiva única e inapelable, en el orden técnico, para dirigir los partidos.

2. Sus facultades comienzan en el momento de entrar en el recinto deportivo y no terminan hasta que lo abandona, conservándolas, por tanto, durante los descansos, interrupciones y suspensiones, aunque el balón no se halle en el campo.

3. Tanto los directivos como los futbolistas, entrenadores, auxiliares y delegados de los clubes, deben acatar sus decisiones y están obligados, bajo su responsabilidad, a apoyarle y protegerle en todo momento

ÁRBITROS Y ARBITRAJE

para garantizar la independencia de su actuación y el respeto debido al ejercicio de su función, así como su integridad personal, interesando, a tales fines, si preciso fuere, la intervención de la autoridad.

Artículo 310. Corresponden a los árbitros, además de las que prevé el Libro XIII, las siguientes obligaciones:

1. Antes del comienzo del partido:

a) Inspeccionar el terreno de juego para comprobar su estado, el marcaje de líneas, las redes de las porterías y las condiciones reglamentarias que en general, tanto aquel como sus instalaciones, deben reunir, dando al delegado de campo las instrucciones precisas para que se subsane cualquier deficiencia que se advierta.

Si el árbitro estimara que aquellas condiciones no son las apropiadas para la celebración del partido, por notoria y voluntaria alteración artificial de las mismas, o por omisión de la obligación de restablecer las normales cuando la modificación hubiese sido consecuencia de causa o accidente fortuitos, acordará la suspensión del encuentro.

b) Ordenar, asimismo, la suspensión del partido en caso de mal estado del terreno de juego no imputable a acción u omisión, y en los demás supuestos que se establecen en las disposiciones vigentes.

c) Inspeccionar los balones que se vayan a utilizar, exigiendo que reúnan las condiciones reglamentarias.

d) Examinar las licencias de los futbolistas titulares y suplentes, así como las de los entrenadores y auxiliares, advirtiendo a quienes no reúnan las condiciones reglamentarias que pueden incurrir en responsabilidad.

En defecto de alguna licencia, el árbitro requerirá la pertinente autorización expedida por la RFEF, o, en su caso, la Liga, reflejando claramente en el acta los futbolistas que actuaron como titulares o suplentes, sin licencia definitiva, así como la fecha de expedición de la ficha provisional o la autorización o, en otro supuesto, el número de su DNI.

e) Hacer las advertencias necesarias a los entrenadores y capitanes de ambos equipos para que los jugadores de los mismos se comporten durante el partido con la corrección y deportividad debidas.

f) Ordenar la salida de los equipos al terreno de juego.

g) Cuidar escrupulosamente de que los partidos comiencen a la hora establecida; e informar al órgano disciplinario, a través de la correspondiente acta del encuentro, acerca de las causas o razones que hubieren determinado una eventual impuntualidad.

2. En el transcurso del partido:

a) Aplicar las reglas del juego, siendo inapelables las decisiones que adopte durante el desarrollo del encuentro.

b) Tomar nota de las incidencias de toda índole que puedan producirse.

c) Ejercer las funciones de cronometrador, señalando el inicio y terminación de cada parte, y el de las prórrogas, si las hubiere, así como la reanudación del juego en caso de interrupciones, compensando las pérdidas de tiempo motivadas por cualquier causa.

d) Detener el juego cuando se infrinjan las reglas y suspenderlo en los casos previstos, si bien siempre como último y necesario recurso.

e) Amonestar o expulsar, según la importancia de la falta, a todo futbolista que observe conducta incorrecta o proceda de modo inconveniente y asimismo a entrenadores, auxiliares y demás personas reglamentariamente afectadas.

f) Prohibir que penetren en el terreno de juego sin su autorización, otras personas que no sean los veintidós futbolistas, los árbitros asistentes y el cuarto árbitro.

g) Interrumpir el juego en caso de lesión de algún jugador, ordenando su retirada del campo por medio de las asistencias sanitarias.

3. Después del partido:

a) Recabar de cada uno de los delegados de los clubes que compitieron, informes sobre posibles lesiones sufridas en el transcursos del juego, solicitando, en caso afirmativo, las oportunas certificaciones médicas para adjuntarlas al acta.

b) Redactar de forma fiel, concisa, clara, objetiva y completa, el acta del encuentro, así como los informes ampliatorios que estime oportunos, remitiendo, con la mayor urgencia y por el procedimiento más rápido, una y otros, a las entidades y organismos que se expresan en el siguiente capítulo.

Capítulo VII. De las actas

Artículo 311. 1. El acta es el documento necesario para el examen, calificación y sanción, en su caso, de los hechos e incidentes habidos con ocasión de un partido.

2. Constituirá un cuerpo único y el árbitro deberá hacer constar en ella los siguientes extremos:

a) Fecha y lugar del encuentro, denominación del terreno de juego, clubes participantes y clase de competición.

b) Nombres de los futbolistas que intervengan desde el comienzo y de los suplentes de cada equipo, con indicación de los números asignados a cada uno, así como de los entrenadores, auxiliares, delegados de los clubes, informadores y de campo, árbitros asistentes, cuarto árbitro y el suyo propio.

c) Resultado del partido, con mención de los jugadores que hubieran conseguido los goles, en su caso.

d) Sustituciones que se hubieran producido, con indicación del momento en que tuvieron lugar.

e) Amonestaciones o expulsiones que hubiera decretado, exponiendo claramente las causas, pero sin calificar los hechos que las motivaron, y expresando el nombre del infractor, su número de dorsal y el minuto de juego en que se produjo.

f) Incidentes ocurridos antes, durante y después del encuentro, en el terreno de juego o en cualquier otro lugar de las instalaciones deportivas o fuera de ellas, siempre que haya presenciado los hechos o, habiendo sido observados por cualquiera otro de los miembros del equipo arbitral, le sean directamente comunicados por el mismo.

g) Juicio acerca del comportamiento de los espectadores y de la actuación de los delegados, árbitros asistentes y cuarto árbitro.

h) Deficiencias advertidas en el terreno de juego y sus instalaciones, en relación con las condiciones que uno y otras deben reunir.

i) Cualesquiera otras observaciones que considere oportuno hacer constar.

Artículo 312. 1. Antes de comenzar el encuentro se consignarán en el acta los extremos a que se refieren los apartados *a* y *b* del artículo anterior y, a continuación, será suscrita por los dos capitanes y entrenadores. Finalizado el partido, se harán constar en ella los pormenores que se especifican en los demás apartados del mismo precepto y será firmada por el árbitro y por los delegados de los clubes que contendieron.

2. El original del acta corresponderá a la RFEF y se destinarán copias a los dos clubes contendientes, a sus respectivas Federaciones, al Comité Técnico de Árbitros correspondiente y a los capitanes de ambos equipos, si así lo hubieran solicitado en el momento en que la suscribieron.

A tal último efecto, figurará en las actas un apartado para significar si el capitán o capitanes han hecho expresa manifestación de su intención de ejercitar tal derecho.

Tratándose de partidos de primera o segunda división, se enviará también una copia a la Liga Nacional de Fútbol Profesional.

Artículo 313. 1. Terminado el partido y formalizada el acta, el árbitro entregará al delegado de cada club y, en su caso, a los capitanes, las copias que les corresponden, y remitirá el original a la RFEF dentro de las veinticuatro horas siguientes a la de la conclusión del encuentro, pero

ÁRBITROS Y ARBITRAJE

procurando, con especial celo, que sea, dentro de dicho lapso, a la mayor brevedad, anticipándolo, a ser posible, por fax.

2. En cuanto a las tres copias restantes, las remitirá a sus destinatarios, siendo su valor meramente estadístico o de información.

Artículo 314. Cuando así lo obliguen o aconsejen circunstancias especiales, el árbitro podrá formular, separadamente del acta, los informes ampliatorios o complementarios que considere oportunos, debiendo en tales casos remitirlos a la RFEF, a los dos clubes contendientes y a sus capitanes por correo urgente, certificado y con acuse de recibo, o por fax, en ambos casos dentro de las veinticuatro horas siguientes a la terminación del encuentro de que se trate.

www.ingramcontent.com/pod-product-compliance
Lightning Source LLC
Chambersburg PA
CBHW080639170426
43200CB00015B/2891